GIORGIO DUSE

GRAMMATICA PRATICA DELLA LINGUA ITALIANA

OLTRE 3000 ESEMPI

EDIZIONI BIGNAMI s.r.l. - MILANO
Via Balzaretti, 4

RISTAMPA
8 7 6 1999 2000 2001

TIPOGRAFIA BIGNAMI - Sesto S. Giovanni

LA NOSTRA LINGUA

La lingua italiana deriva dalla lingua latina, che era parlata dai Romani, antichi abitatori della nostra penisola.

La lingua italiana che è una tra le lingue più dolci ad armoniose e che conta quasi otto secoli di vita è ricca di circa 70.000 vocaboli. (Tanti sono quelli che si trovano registrati nei migliori dizionari).

Di una minima parte di questi vocaboli ci serviamo per esprimere i nostri pensieri e i nostri sentimenti.

Ma perché il nostro pensiero possa essere perfettamente compreso da chi ci ascolta è necessario sia espresso con la massima chiarezza, ossia è necessario che le parole che usiamo per esprimerlo siano scelte bene e ordinatamente disposte secondo certe regole.

L'insieme di queste regole che determinano l'unione e il variare delle parole per formare il discorso si chiama *grammatica.*

La **grammatica** insegna quindi a parlare e a scrivere correttamente una lingua.

A coloro che parlano la lingua italiana, come si usa dire, *per pratica,* e che per il semplice fatto di parlarla credono di conoscerla e ritengono quindi superfluo lo studio della grammatica, ricorderemo quanto disse il poeta toscano Giuseppe Giusti: « *L'avere la lingua familiare sulle labbra non basta: senza accompagnarne, senza rettificarne l'uso con lo studio e con la ragione è come uno strumento che si è trovato in casa e che non si sa maneggiare* ».

Perciò lo studio della grammatica italiana che ci fa conoscere profondamente la nostra bellissima lingua, che il grande poeta Vittorio Alfieri definì: « *Idioma gentil sonante e puro* », e ci insegna a parlarla e scriverla correttamente, non è soltanto cosa utile e necessaria ma anche doverosa.

LA GRAMMATICA

E' il *complesso delle regole che insegnano a* **parlare** *e a* **scrivere** correttamente.

Si divide in *tre parti* principali:

FONOLOGIA
MORFOLOGIA
SINTASSI

1. La **fonologia** (studio dei suoni), si divide in:
   a) **ortoepia:** che insegna la retta *pronuncia;*
   b) **ortografia:** che insegna la retta *scrittura* delle parole.

2. La **morfologia** (studio della forma delle parole), insegna il valore e le variazioni delle parole, classificandole nelle diverse parti del discorso (ossia i mutamenti di forma che subiscono i sostantivi secondo la declinazione, e i verbi secondo la coniugazione).

3. La **sintassi** (studio del coordinamento delle parole nel discorso), insegna come si devono unire fra loro le parole in modo da esporre bene il nostro pensiero (ossia l'esatto ordinamento delle parole nelle proposizioni, e delle proposizioni nel periodo).

Oltre a queste, vi sono altre *due parti* della grammatica:

1. L'**etimologia** (che è connessa alla morfologia) studia l'origine e la formazione delle parole.

2. La **metrica** (che si collega alla sintassi), insegna a misurare i versi (raggruppamento armonico delle parole, costituito da un determinato numero di sillabe) e ad unirli per formare le strofe.

PARTE I

FONOLOGIA

(Studio dei suoni)

L'ALFABETO

L'**alfabeto italiano** è formato di *21 lettere,* delle quali **5** si chiamano **vocali** e **16** si chiamano **consonanti.**

Nello scrivere, queste lettere assumono **due forme:** *maiuscole* e *minuscole.*

MAIUSCOLE	MINUSCOLE	SUONO ALFABETICO
A	a	a
B	b	bi
C	c	ci
D	d	di
E	e	e
F	f	effe
G	g	gi
H	h	acca
I	i	i
L	l	elle
M	m	emme
N	n	enne
O	o	o
P	p	pi
Q	q	cu
R	r	erre
S	s	esse
T	t	ti
U	u	u
V	v	vi
Z	z	zeta

NOTA: I nomi delle lettere si considerano di genere femminile. Perciò dovremo dire: **una** *bi,* **una** *ci,* **una** *esse,* ecc.

Vi sono poi *altre* **cinque lettere**, *appartenenti ad altre lingue,* che noi usiamo quando citiamo parole di origine straniera. Esse sono:

J	j	i lungo	Es. **J**aneiro
K	k	cappa	**K**ant
Y	y	ipsilon	**Y**acht
W	w	v doppia	**W**ashington
X	x	ics	**X**ilografia

Uso della lettera maiuscola

La lettera iniziale maiuscola *si usa nei seguenti casi*:

1. *In principio d'ogni discorso* e dopo il punto fermo.

   ESEMPI: **P**ia uscì di corsa. **A**rrivata a scuola...

2. Dopo i due punti, ma solo *quando si riportano* (di solito, tra virgolette) *parole dette da altri.*

   ESEMPI: Luigi XIV disse: « **D**opo di me il diluvio ».

3. *Nei nomi propri* di persona, di popoli, di nazioni, di città, di mari, di fiumi, di monti, di regioni, di piazze, ecc.

   ESEMPI: **G**iorgio - i **F**rancesi - la **G**recia - **R**oma - l'**A**driatico - il **T**icino - il monte **R**osa - la **S**icilia - piazza **N**avona.

4. *Nei nomi che indicano autorità* religiose, politiche, scolastiche, *o solennità* religiose o civili.

   ESEMPI: il **P**apa - il **P**refetto - il **P**reside - la **P**entecoste - il **N**atale - le **C**inque **G**iornate di Milano.

5. *Nei nomi dei secoli.*

   ESEMPI: il **D**uecento, ecc.

6. *Nei titoli* dei libri e di opere d'arte.

   ESEMPI: i **P**romessi **S**posi - i **S**epolcri - la **G**ioconda.

LE VOCALI

Nell'alfabeto italiano le vocali sono **cinque:**

a - e - i - o - u

Le vocali **a - i - u** hanno un proprio ed *unico suono.*

Le vocali **e - o** hanno *due suoni*: **aperto** o **chiuso.**

ESEMPI:

suono aperto	*suono chiuso*
bène	séra
bèllo	téla
chièsa	piéde
giòia	fóce
pòco	sóle
nòtte	póllo
òrto	calóre

Nei dizionari, il *suono aperto* è indicato dall'**accento grave** (\ ) e il *suono chiuso* dall'**accento acuto** (/).

La corretta pronuncia delle vocali **e** e **o** è molto importante perché vi sono parole che cambiano significato col cambiare del suono, *chiuso* o *aperto,* di dette vocali.

ESEMPI:

È - suono aperto

Accètta	=	voce del verbo: *accettare*
Affètto	=	amore
Collèga	=	compagno
Èsse	=	la lettera: **s**
Lègge	=	dal verbo *leggere*
Mènte	=	dal verbo: *mentire*
Pèsca	=	frutto
Vènti	=	plurale di: *vento*

É - suono chiuso

Accétta	=	scure
Affétto	=	voce del verbo: *afféttare*
Colléga	=	unisce
Ésse	=	pronome
Légge	=	sostantivo (*ordinamento*)
Ménte	=	intelletto
Pésca	=	dal verbo: *pescare*
Vénti	=	aggettivo numerale

Ò - suono aperto

Bòtte	=	percosse
Còlto	=	dal verbo: *cogliere*
Fòsse	=	plurale di: *fossa*
Ròsa	=	fiore
Scòpo	=	intento - fine
Vòlto	=	dal verbo: *volgere*

Ó - suono chiuso

Bótte	=	recipiente
Cólto	=	istruito - coltivato
Fósse	=	voce del verbo: *essere*
Rósa	=	dal verbo: *rodere*
Scópo	=	dal verbo: *scopare*
Vólto	=	viso

Secondo il suono le *vocali* si dividono in:

dolci (o deboli) : **i - u**
aspre (o forti) : **a - e - o**

DITTONGHI e TRITTONGHI

Si chiama **dittongo** l'*unione* di **due vocali** che si pronunciano con *una sola emissione di voce.*

Si chiama **trittongo** l'*unione* di **tre vocali** che si pronunciano con *una sola emissione di voce.*

Il **dittongo** può essere formato:

a) Dall'unione di **una** *vocale* **dolce** con **una aspra.**

Esempi: **lieto - fiore - fuoco - piano**

b) Dall'unione di **una** *vocale* **aspra** con **una dolce**.

Esempi: **au**to - **au**tunno - **Eu**ropa - r**eu**ma

c) Dall'unione di **due** *vocali* **dolci.**

Esempi: **fiume - piuma**

Il **trittongo** è formato dall'unione di **due** *vocali* **dolci** con **una aspra.**

Esempi: **guaire - aiuola - guai - fischiai - miei - suoi**

IATO

Si chiama **iato** l'incontro di *due vocali* (una **dolce** ed una **aspra,** oppure entrambe **aspre**) non formanti un unico suono, ossia *pronunciate separatamente* con duplice emissione di voce.

Esempi: o-bl**i-o** - p**a-u**-ra - p**i-a** - r**e-a**l-tà - **a-e**ro-pla-no - p**o-e**-ta.

Nota: Come si vede da questi esempi, *le due vocali che formano « iato » appartengono a due* **sillabe diverse.**

LE CONSONANTI

Nell'alfabeto italiano le consonanti *sono* **sedici:**

b - c - d - f - g - h - l - m

n - p - q - r - s - t - v - z

Le consonanti, da sole, hanno un suono indistinto. Per essere chiaramente pronunciate devono accompagnarsi ad una vocale.

Il suono delle consonanti

C e G hanno *due suoni*: **dolce** (o palatale) oppure **duro** (o gutturale).

a) *Suono duro* se sono *seguite da*: **a - o - u**

Esempi: casa - coda - cura - gala - gola - gufo

b) *Suono dolce* se sono *seguite da*: **e - i**

Esempi: cena - cifra - cera - cibo - gesto - giro - gentile giovane

c) Hanno *suono duro* anche *davanti ai* **e - i** precedute da **h**

Esempi: che - chiodo - ghetto - ghiro

S e **Z** hanno *due suoni*: **dolce** (o sonoro), oppure **aspro** (o sordo)

ESEMPI:

suono dolce:	*suono aspro*:
poesia	orso
rosa	sacco
paese	senno
isola	azione
tesoro	osso
grazie	zio
zona	zappa
zero	guizzo
azzurro	

NOTA: E' inutile fissare delle regole per la distinzione dei due suoni, poiché moltissime sono le eccezioni. Nei buoni vocabolari i due suoni sono indicati con segni convenzionali. Inoltre l'uso toscano può suggerire l'esatta pronuncia.

H *non ha suono.*

a) Serve a dare suono **duro** alle consonanti **c** e **g** anche quando sono seguite dalle vocali **e** ed **i**.

ESEMPI: chiesa - ghetto - ecc.

b) Dà un suono leggermente **aspirato** alla sillaba con cui è unita e si usa nelle esclamazioni:

oh! - ah! - uh! - ahi! - ahime!

c) Si usa anche nelle quattro voci dell'indicativo presente del verbo avere:

ho - hai - ha - hanno

Q forma *un solo suono* (cioè una sola sillaba) con la vocale **u**, *dalla quale è* **sempre** *seguita.*

ESEMPI: qua-dro - que-sto - li-qui-do

Il gruppo:

CL Ha sempre suono **gutturale**.
ESEMPI: classe, clero, ecc.

GN Ha suono **dolce** (palatale).
ESEMPI: magnolia, sogno, ecc.

GL *a*) Ha suono **duro** (gutturale).
ESEMPI: glaciale, gleba, gloria, glutine

b) Ha suono **dolce** (palatale) davanti alla vocale **i**.
ESEMPI: figlio, giglio, ecc.

NOTA: Vi sono però alcune parole come: glicine, glicerina, negligente, ed altre, in cui il gruppo **gl** ha suono gutturale, pur essendo seguito dalla vocale *i*.

SC *a*) Ha suono **dolce** davanti alle vocali: **e - i**.
ESEMPI: scena, scia, scienza

b) Ha suono **gutturale** davanti alle vocali: **a - o - u** e alla consonante **h**.
ESEMPI: scatola, scoglio, scure, schiera, scheletro, ecc.

Raddoppiamento delle consonanti

Tutte le consonanti si possono raddoppiare, *eccetto le lettere*:

B nelle parole che terminano in: **bile** o **bilmente**
ESEMPI: ama**bile** - terri**bile** - ama**bilmente** ecc.

G nelle parole che terminano in: **ione**
ESEMPI: rag**ione** - relig**ione**

H che *non si raddoppia* **mai**

Z nelle parole che terminano in: **ione**

ESEMPI: confez**ione** - addiz**ione**

e davanti ai dittonghi: **ia** - **ie** - **io**

ESEMPI: anz**ia**na - az**ie**nda - precipiz**io** - serviz**io**, ecc.

Fanno eccezione quelle parole che derivano da altre, che hanno già la consonante doppia.

ESEMPIO: carrozziere (che deriva da *carrozza*)

Q che si raddoppia soltanto nella parola so**qq**uadro.

Per la corretta *ortografia* non bisogna dimenticare che le lettere:

B e P devono *sempre* essere precedute, in corpo di parola, dalla lettera **m** (mai dalla lettera **n**)

ESEMPI: ba**m**bina - ba**m**bola - a**m**bo - a**m**bizione - e**m**blema - e**m**porio - ca**m**pana - i**m**presa co**m**porre

S *a*) si chiama **impura** se è seguita da una o più **consonanti**:

ESEMPI: spazzola - specchio - estro - scuola - studio - schioppo

b) si chiama **pura** se è seguita da **vocale**:

ESEMPI: sole - silenzio - siepe - seta - sorella - casetta

Q *a*) è sempre seguita dai gruppi di vocali: **ua** - **ue** - **ui** - **uo**

ESEMPI: q**ua**dro - q**ue**sto - q**ui**ndi - q**uo**ta, ecc.

b) non può essere preceduta che da un'unica consonante: la **c**

ESEMPI: a**cq**ua - a**cq**uedotto - pia**cq**ui - na**cq**ue, ecc.

(fa eccezione la parola: so**qq**uadro)

LE SILLABE

Le sillabe *sono gli elementi di cui è formata una parola.*

Ogni parola è formata da un certo numero di lettere che le danno un suono.

Una o più lettere che si pronunciano con *una sola emissione di voce* costituiscono la **sillaba**.

Sillabare vuole dire pronunciare le parole staccando una sillaba dall'altra.

ESEMPI: a-ma-re, do-na-re, stu-dia-re, ba-cia-re, da-re

Ogni *sillaba* può essere formata:

a) da *una sola vocale*
ESEMPI: **a**-mo-re, **o**-sti-le, le-**a**-le, **i**-bri-do, **e**-**o**-lo

b) da *una vocale* unita ad *una consonante*
ESEMPI: do-lo-re, be-ne, er-ta, la-vo-ro

c) da *una vocale* unita a *più consonanti*
ESEMPI: **pre**-ci-so, **stra**-da, **vol**-to, **scen**-de-re

d) da *due sole vocali*
ESEMPI: **ie**-ri, - **uo**-mo

e) da *due vocali* unite ad *una* o *più consonanti*
ESEMPI: **buo**-no, **fio**-re- gra-**zia**, **sguar**-do, **schian**-ta-re

Le parole possono essere formate da *una* o *più sillabe*. E si dicono:

Monosillabe (se formate da *una sola sillaba*)

Esempi: a - al - no - si - tu - già - sta - noi

Bisillabe (se formate da *due sillabe*)

Esempi: so-le, be-ne, i-ra, can-to, a-mo, vol-to

Trisillabe (se formate da *tre sillabe*)

Esempi: a-mo-re, te-so-ro, al-be-ro, au-ro-ra,

Quadrisillabe (se formate da *quattro sillabe*)

Esempi: do-lo-ro-so, e-re-mi-ta, a-mi-ci-zia, im-pa-ra-re

Polisillabe (se formate da più di *quattro sillabe*)

Esempi: ca-po-la-vo-ro, di-li-gen-te-men-te, stra-or-di-na-ria-men-te

Divisione delle sillabe

Conoscere la corretta divisione delle parole in sillabe è molto importante, specialmente quando alla fine di una riga si è costretti a dividere la parola per andare a capo. Bisogna pertanto tener presenti le seguenti regole:

Una vocale, seguita da *una sola consonante,* in *principio di parola,* fa sillaba a sè.

Esempi: **a**-mo-re, **o**-do-re, **e**-li-ca, **i**-ra

Due vocali, che siano *dittongo,* formano sempre *una* sola *sillaba.*

Esempi: **au**-ro-ra, **fio**-re, **duo**-lo, **lie**-ve

Due vocali, che *non* formano *dittongo,* ma *iato,* formano sempre *due* sillabe.

ESEMPI: **o-ce-a-no, bo-a-to, le-a-le, pru-a, a-e-ro-pla-no**

I *trittonghi* formano *una* sola sillaba.

ESEMPI: **miei, tuoi, guai**

Una *consonante fra due vocali* forma sillaba *con la vocale che segue.*

ESEMPI: **a-ma-re, vi-ve-re, sa-pe-re, mo-ri-re**

Le *consonanti doppie* si dividono in modo che la *prima* formi sillaba *con la vocale che precede,* la *seconda con quella che segue.*

ESEMPI: **mam-ma, af-fet-to, bab-bo, op-pio**

Le *consonanti*: **l - m - n - r** *seguite* da un'altra consonante, formano sillaba *con la vocale che precede.*

ESEMPI: **al-ta-re, sem-pre, on-da, in-cer-ta, al-za-re, ar-de-re**

Il gruppo: **cq**, segue la regola delle consonanti doppie, perciò si *divide.*

ESEMPI: **ac-qua, ac-qui-sto, nac-que, piac-que**

La **s** *impura* fa sillaba con il gruppo sillabico che la segue.

ESEMPI: **co-stret-to, ce-sto, mo-sca, ba-sto-ne**

ATTENZIONE - *La sillaba è indivisibile.* Quando si deve dividere una parola, la sillaba va scritta per *intero,* oppure riportata per *intero* alla riga seguente.

L'ACCENTO TONICO

In ogni parola che pronunciamo c'è una sillaba sulla quale, con maggior forza, si posa la voce.

Questa più forte intensità di voce si chiama **accento,** o meglio, **accento tonico.**

La sillaba su cui cade l'accento si dice: **tonica,** mentre le altre si dicono: **atone.**

Rispetto all'accento, le parole si dicono:

Tronche se l'accento cade sull'*ultima sillaba* (e in questo caso viene indicato graficamente).

ESEMPI: **beltà - bontà - felicità - virtù - caffè**

Piane se l'accento cade sulla *penultima sillaba.*

ESEMPI: **amòre - fiòre - artìsta - càro - ràmo**

Sdrucciole se l'accento cade sulla *terzultima sillaba.*

ESEMPI: **piacèvole - còrrere - miràcolo - tùrbine**

Bisdrucciole se l'accento cade sulla *quartultima sillaba.*

ESEMPI: **rècitano - dimènticano - mòr**morano

Uso dell'accento

In italiano, l'accento *si fa sempre sentire* col tono della voce e, generalmente, *non si segna,* eccetto nei seguenti casi:

1) va *segnato* su *tutte* le parole **tronche.**

ESEMPI: **bontà, pietà, virtù, carità, libertà, città, lassù, quaggiù, ecc.**

2) va *segnato* sui *monosillabi* che finiscono con un *dittongo* (eccetto: **qua** e **qui** che si devono scrivere *senza accento).*

ESEMPI: **già - giù - può**

3) va *segnato* sui *monosillabi* che hanno **doppio significato,** per non confonderli.

ESEMPI:

con l'accento		*senza accento*	
è	(verbo)	e	(congiunzione)
dà	(verbo)	da	(preposizione)
nè	(negazione)	ne	(pronome)
sè	(pronome)	se	(congiunzione)
lì	(avverbio)	li	(articolo)
là	(avverbio)	la	(articolo)
tè	(nome)	te	(pronome)
sì	(avverbio)	si	(part. pron.)
chè	(= *perchè*)	che	(pron. o congiunz.

4. è facoltativo *segnarlo* su quelle parole che, col mutare dell'*accento,* mutano di *significato.*

ESEMPI:

agùzzino	(verbo)	aguzzìno	(sostant.)
àltero	(verbo)	altèro	(aggettivo)
àmbito	(= *giro*)	ambìto	(da: ambire)
bàlia	(= *nutrice*)	balìa	(sost. = *potere*)
circùito	(= *giro*)	circuìto	(verbo)
còmpito	(sostant.)	compìto	(agg. = *perfetto*)
desìderi	(verbo)	desidèri	(sostant.)
impàri	(verbo)	ìmpari	(= non pari)
intìmo	(verbo)	ìntimo	(aggettivo)
subìto	(verbo)	sùbito	(avverbio)

ELISIONE e APOSTROFO

Per evitare suoni sgradevoli spesso togliamo la vocale finale (non accentata) di una parola quando la parola che segue incomincia pure per vocale. E al posto della vocale soppressa mettiamo l'apostrofo. (')

ESEMPIO:	anziché scrivere	: una ora
	scriviamo	: un'ora

Questa soppressione di vocale si chiama: **elisione**.

ESEMPI - *Scriveremo*:

l'anima	*e non*	la anima
l'amore	» »	lo amore
l'uomo	» »	lo uomo
dell'amico	» »	dello amico
quell'asino	» »	quello asino

TRONCAMENTO

Si chiama invece **troncamento** la *soppressione della vocale* (senza accento) o dell'*intera sillaba* finale di una parola davanti ad un'altra parola che cominci per consonante od anche per vocale.

Mentre l'*elisione* si indica con l'*apostrofo, il troncamento non si indica* con alcun segno.

ESEMPI:	voler bene	*invece di*:	volere bene
	buon cuore	» »	buono cuore
	un amico	» »	uno amico
	San Giorgio	» »	Santo Giorgio
	fra Galdino	» »	frate Galdino

Il **troncamento** è possibile solo quando:

a) La parola è di numero singolare

b) L'ultima sillaba non è accentata.

c) La vocale finale (che deve venire soppressa dal troncamento) è preceduta dalle consonanti: **l**, **n**, **r**, **m**.

Non si può troncare una parola quando la parola che segue comincia per **s** impura, per **z**, per **gn**.

ESEMPI - *Dovremo dire*:

uno sciocco	*e*	*non*	un sciocco
uno sgabello	»	»	un sgabello
grande sbaglio	»	»	gran sbaglio
bello specchio	»	»	bel specchio
uno zaino	»	»	un zaino
quello zoccolo	»	»	quel zoccolo
uno gnomo	»	»	un gnomo

Uso dell'elisione e del troncamento

Le parole: **bello** - **quello** - **grande** - **Santo**

a) Si *apostrofano davanti a* parole che cominciano per *vocale*.

ESEMPI: bell'animale - quell'orso - grand'uomo - Sant'Antonio

b) Si *troncano davanti a* parole che cominciano per *consonante*.

ESEMPI: bel paesaggio - quel fiore - gran dono - San Giorgio

un - nessun - ciascun - alcun - buon

Davanti ai nomi maschili (anche se cominciano per vocale) si scrivono sempre *senza apostrofo*.

ESEMPI: un armadio - nessun animale - ciascun uomo - buon umore

Frate

Si tronca in « *fra* » *davanti a* nome proprio che cominci per *consonante*.

ESEMPI: Fra Leone - Fra Ginepro

Suora

Si tronca in « *suor* » *davanti a* tutti i *nomi propri*.

ESEMPI: Suor Anna - Suor Vincenza

L'articolo: **una** *davanti a vocale* si deve *sempre apostrofare*.

ESEMPI: un'amica - un'oca

Gli articoli: **lo - la**

Davanti a vocale si devono *sempre apostrofare*.

ESEMPI: l'orto - l'arte

L'articolo: **gli**

Si apostrofa soltanto *davanti* a parola che cominci per: **i**

ESEMPI: gl'Italiani - gl'indigenti

L'articolo: **le**

Non si deve *mai apostrofare.*

ESEMPI: le amiche - le arti - le età - le oche

La preposizione semplice: **da** (*)

Si apostrofa soltanto *nelle espressioni*:
d'altronde - d'ora in poi - d'accordo - d'altra parte
Negli altri casi non si apostrofa.

ESEMPI: legna da ardere - casa da affittare

La preposizione semplice: **di**

Si può sempre apostrofare. Ma generalmente si apostrofa quando si vuol dare maggior agilità al discorso.

ESEMPI: l'arte **d**'insegnare - Non abbiamo voglia **d**'andare a scuola - **D**'estate è bello nuotare

Le particelle pronominali: **mi - ti - si - vi** (**)

Si possono sempre apostrofare.

ESEMPI: m'invito - t'amo - s'alzò - v'annuncio

La particella pronominale: **ci**

Si può apostrofare soltanto davanti a parola che cominci con: **i** o **e**.

ESEMPI: c'invio - c'invitò - c'erano

(*) Vedere cos'è la preposizione semplice a pag. 214.
(**) Vedere cosa sono le particelle pronominali a pag. 97.

Osservazioni

Talvolta, *specialmente in poesia,* si abbreviano alcune parole; e, pur trattandosi di troncamenti, *vogliono l'apostrofo.*

ESEMPI: Un **po'** di pane
E' un **po'** caro | (po' = *poco*)

Per distinguerli da altre parole si scrivono, di solito, *con l'accento* i seguenti **imperativi:**

dà	*per:*	dai	(imperativo di:	*dare*)
dì	»	dici	»	» *dire*)
fà	»	fai	»	» *fare*)
stà	»	stai	»	» *stare*)
và	»	vai	»	» **andare*)

ACCRESCIMENTO

Spesso, per evitare suoni sgradevoli, aggiungiamo la lettera **d** alle vocali **a**, **e**, **o** quando la parola che segue incomincia pure per vocale. Tale aggiunta si chiama **accrescimento**.

ESEMPI: Ci rivolgeremo **ad** altri - Aldo **ed** Ernesto vanno a scuola - Vuoi un dolce **od** un libro?

Talvolta, sempre per ottenere un suono più gradevole, premettiamo una **i** alle parole che incominciano per **s** *impura e precedute da*: **in, per, con, non.**

ESEMPI: In **i**scuola si deve studiare - In **I**svizzera fa un po' freddo - L'ho detto per **i**scherzo

Non sempre però tale aggiunta è indispensabile.

NOTA: Le lettere che si aggiungono per ottenere un buon suono si chiamano: lettere **eufoniche.**

LA PUNTEGGIATURA

Scrivendo, ci serviamo della punteggiatura per rendere più chiaro il nostro pensiero, per indicare le necessarie pause nella lettura.

I segni di **punteggiatura** (o interpunzione) sono:

, ; : . ! ?

La **virgola** [,] indica una *breve pausa* nel corso della frase.

ESEMPI: Giorgio, Mario, Ada e Wilma sono fratelli.
Leopardi, grande poeta, nacque a Recanati.

Il **punto e virgola** [;] indica una *pausa più lunga* della virgola. Segna un distacco tra pensieri con stretta relazione fra loro.

ESEMPIO: Aldo continuava a parlare; le sue parole erano chiare, persuasive...

I **due punti** [:] indicano una *pausa più lunga* della virgola. Si usano quando si riportano parole pronunciate da qualcuno o per spiegare un concetto espresso nella frase precedente.

ESEMPI: — Il professore disse: Se non studierete sarete bocciati.
— I colori della bandiera sono tre: bianco, rosso e verde.

Il **punto** (o punto fermo) [.] indica una *pausa più lunga delle altre* alla fine di una frase, di un periodo con senso compiuto. (Dopo il punto si mette la lettera maiuscola e talvolta si va a capo).

Il **punto interrogativo** [?] si mette alla fine di una frase che contenga una domanda.

ESEMPIO: Hai studiato oggi?

Il **punto esclamativo** [!] si mette alla fine di una frase che esprima: gioia, dolore, sdegno, sorpresa, ammirazione, ecc.

ESEMPI: Quanta gioia m'hai dato! - Quanto abbiamo sofferto! - Dio mio, che vergogna! - Che bella sorpresa!

I segni ortografici

Oltre all'*accento* (spiegato a pag. 20) e all'*apostrofo* (spiegato a pag. 22) altri segni ortografici sono:

( )   ...   -   « »   —   *

Tali segni si usano per dare maggiore chiarezza e precisione a ciò che scriviamo, per renderne più chiaro il senso.

Le **parentesi** [( )] servono a racchiudere *parole, o frasi, staccate dal resto del discorso,* o inserite per chiarire quanto si sta dicendo.

ESEMPI: In via Carlo Alberto (ora via Mazzini) vi sono molti negozi. - Quando nacque Dante (nel 1265) l'Italia era...

I **puntini di sospensione** [...] indicano una sospensione, un'*interruzione del discorso* dovuta a esitazione o incertezza. Talvolta si mettono per indicare un pensiero che non si vuole esprimere, al posto di parole che non si vogliono dire, ma che sono facilmente comprensibili.

ESEMPI: Vorrei parlarle di sua figlia ma... Sarà meglio che lei venga da me. A voce le dirò tutto.
Per ciò che hai fatto meriteresti...

Il **trattino** [-] si usa per unire due parole (oppure per dividere una parola in fin di riga).

ESEMPI: Assisteremo alla partita di calcio Italia-Austria.
Corso teorico-pratico.

Le **virgolette** [«»] si usano nelle citazioni di proverbi, di titoli di libri o *quando si riportano frasi dette o scritte da altri.*

ESEMPI: « Le bugie hanno le gambe corte »
Il romanzo « I Promessi Sposi » è un capolavoro
« Non ti far mai servo » diceva Alessandro Manzoni

La **lineetta** [—] si usa generalmente nel dialogo.

ESEMPI: — Vuoi venire a Venezia?
— Sì, con piacere. Quando?
— Domani.

(*Si può anche usare in luogo delle virgolette o delle parentesi*).

L'**asterisco** [*] viene usato come segno tipografico per richiamare una nota esplicativa posta a fine pagina.

Viene usato anche dagli scrittori e messo al posto di un nome che non si vuol dire o che non si conosce.

LE ABBREVIAZIONI

Quasi sempre, scrivendo, si abbreviano alcune parole di uso molto frequente.

Abbreviazioni nella corrispondenza

ESEMPI:	aff.mo	=	affezionatissimo
	ch.mo	=	chiarissimo
	dev.mo	=	devotissimo
	eg. sig.	=	egregio signore
	ill.mo	=	illustrissimo
	preg.mo	=	pregiatissimo
	obbl.mo	=	obbligatissimo
	sig.	=	signor
	sigg.	=	signori
	sig.ra	=	signora
	spett.	=	spettabile

Abbreviazioni nelle lapidi Epigrafi - Scritture Sacre

ESEMPI:	Q.L.P.	=	questa lapide pose
	Q.M.P.	=	questa memoria pose
	Q.M.PP.	=	questa memoria posero
	P.G.R.	=	per grazia ricevuta
	O.D.C.	=	offre, dedica, consacra
	G.C.	=	Gesù Cristo
	B.V.	=	Beata Vergine
	S.	=	Santo
	SS.	=	Santi, Santissimo
	P.M.	=	Pontefice Massimo
	D.O.M.	=	Deo Optimo Maximo
	I.N.R.I.	=	Jesus Nazarenum, Rex Judeorum

Abbreviazioni editoriali

(nei libri e nei giornali)

ESEMPI:	pag.	= pagina
	pagg.	= pagine
	cap.	= capitolo
	capp.	= capitoli
	app.	= appendice
	vol.	= volume
	voll.	= volumi
	seg.	= seguente
	segg.	= seguenti
	v.	= vedi
	v.s.	= vedi sopra
	ms.	= manoscritto
	es.	= esempi
	p. es.	= per esempio
	c.s.	= come sopra
	id.	= idem (lo stesso)
	par.	= paragrafo
	ecc.	= eccetera
	vv.	= versi
	N.B.	= nota bene
	N.d.A.	= nota dell'autore
	N.d.T.	= nota del traduttore
	N.d.R.	= nota della redazione
	N.d.D.	= nota della direzione
	f.f.	= facente funzioni
	N.N.	= non nominato (si legge: enne, enne)

Abbreviazioni indicanti tempo

ESEMPI:	A.D.	= anno Domini
	a.C.	= avanti Cristo
	d.C.	= dopo Cristo
	c.a.	= corrente anno
	c.m.	= corrente mese
	p.v.	= prossimo venturo
	u. sc.	= ultimo scorso
	e.v.	= ęra volgare
	M.E.	= medio evo

Professioni e titoli

ESEMPI:	avv.	=	avvocato
	dott. o dr.	=	dottore
	ing.	=	ingegnere
	rag.	=	ragioniere
	prof.	=	professore
	prof.ssa	=	professoressa
	comm.	=	commendatore
	cav.	=	cavaliere
	gr. uff.	=	grand ufficiale
	rev.	=	reverendo
	rev.mo	=	reverendissimo
	e.mo	=	eminentissimo
	can.co	=	canonico
	card.	=	cardinale
	on.	=	onorevole
	sen.	=	senatore
	gen.	=	generale
	S. Em.	=	Sua Eminenza
	S. Ecc.	=	Sua Eccellenza
	S. S.	=	Sua Santità
	S. M.	=	Sua Maestà
	A. R.	=	Altezza Reale

Abbreviazioni commerciali

ESEMPI:	c.c.	=	conto corrente
	sc.	=	sconto
	s.s.	=	senza spese
	fatt.	=	fattura
	a/c.	=	assegno circolare
	l/c.	=	lettera di credito
	o/c.	=	ordine e conto
	m/	=	mio
	s/	=	suo
	ns/	=	nostro (nostra)
	vs/	=	vostro (vostra)
	preg. vs/	=	pregiata vostra
	& C.	=	e compagno
	& C.i	=	e compagni
	C.ia	=	compagnia

Alcune sigle

ESEMPI:	A.C.I.	= Automobil Club Italiano
	A.N.A.S.	= Azienda Nazionale Autonoma della della strada
	A.V.I.S.	= Associazione volontari del sangue
	C.A.I.	= Club Alpino Italiano
	C.E.C.A.	= Comunità Europea per il Carbone e per l'Acciaio
	C.I.T.	= Compagnia Italiana Turismo
	C.O.N.I.	= Comitato Olimpico Nazionale Italiano
	C.R.I.	= Croce Rossa Italiana
	E.N.A.L.	= Ente Nazionale Asistenza Lavoratori
	E.N.I.C.	= Ente Nazionale Industrie Cinematografiche
	E.N.P.A.	= Ente Nazionale Protezione Animali
	EURATOM	= Comunità Europea dell'energia atomica
	F.A.O.	= Organizzazione per l'alimentazione e l'agricoltura
	I.N.A.	= Istituto Nazionale Assicurazioni
	I.N.A.M.	= Istituto Nazionale Assistenza Malattie
	I.N.P.S.	= Istituto Nazionale Previdenza Sociale
	O.E.C.E.	= Organizzazione Europea di cooperazione economica
	M.E.C.	= Mercato Comune Europeo
	S.I.A.E.	= Società Italiana Autori ed Editori
	T.C.I.	= Touring Club Italiano
	U.N.E.S.C.O.	= Organizzazione Nazioni Unite

Parte II

MORFOLOGIA

(Studio della forma delle parole)

LE PARTI DEL DISCORSO

Le parole di cui ci serviamo per esprimere il nostro pensiero, a seconda del loro significato o dell'idea che rappresentano, vengono divise in *nove categorie* che si chiamano: **parti del discorso.**

Di queste parti, *cinque* sono **variabili** e quattro sono **invariabili.**

sono **variabili**	sono **invariabili**
il *nome*	l'*avverbio*
l'*articolo*	la *preposizione*
l'*aggettivo*	la *congiunzione*
il *pronome*	l'*interiezione*
il *verbo*	

PERCHE' SI DICONO VARIABILI O INVARIABILI

Si dicono **variabili** perché hanno una parte che rimane sempre uguale e che si chiama: **tema** o **radice** ed una parte che *può variare* e che si chiama: **desinenza**.

Esempio: Nella parola *bambino*: **bambin** è il *tema* **-o** è la *desinenza.*

Si dicono **invariabili** perché *non subiscono alcun cambiamento,* cioè mantengono sempre le *stesse desinenze.*

Le parti *variabili* prendono desinenze diverse, cioè subiscono cambiamenti secondo il **genere**, il **numero,** la **persona**, il **modo**, il **tempo.**

Per il *nome,* l'*articolo,* l'*aggettivo,* il *pronome,* questi cambiamenti si chiamano **declinazione.**

Per il *verbo* questi cambiamenti si chiamano **coniugazione.**

LA DECLINAZIONE

La *declinazione* è l'insieme dei mutamenti ai quali vanno soggetti: l'*articolo,* il *nome,* l'*aggettivo,* il *pronome,* per indicarne: il **numero** (singolare o plurale) e il **genere** (maschile o femminile).

ESEMPI:

numero

singolare	*plurale*
il libr**o**	**i** libr**i**
il car**o** amic**o**	**i** car**i** amic**i**
il su**o** cane	**i** suo**i** can**i**
io sono cattiv**o**	**noi** siamo cattiv**i**

genere

maschile	*femminile*
la donn**a**	**le** donn**e**
la bell**a** cas**a**	**le** bell**e** cas**e**
la mi**a** amic**a**	**le** mi**e** amich**e**
ess**a** è buon**a**	ess**e** sono buon**e**

LA CONIUGAZIONE

La *coniugazione* è l'insieme dei mutamenti ai quali va soggetto il **VERBO** per indicarne:

il **numero,** la **persona,** il **modo,** il **tempo.**

ESEMPI:

modo

indicativo	(io am**o**)
congiuntivo	(che io am**i**)
condizionale	(io amer**ei**)
imperativo	(am**a**)
infinito	(amare, avere amato)
participio	(amante, amato)
gerundio	(amando, avendo amato)

tempo

presente	(io am**o**, che io am**i**, ecc.)
passato	(io ho amato, io am**ai**, ecc.)
futuro	(io am**erò**, io avrò amato)

persona

prima persona	*seconda persona*	*terza persona*
io amo	**tu** ami	**egli** ama
noi amiamo	**voi** amate	**essi** amano

numero

singolare	*plurale*
io amo	noi amiamo
tu ami	voi amate
egli ama	essi amano

Le parti variabili

Il **NOME:** serve ad indicare: le **persone**, gli **animali**, le **cose**, le **idee**.

ESEMPI: fanciulla - cane - fiore - virtù

L'**ARTICOLO:** è una paroletta che si mette prima del nome per indicarne il **genere** ed il **numero** in modo **determinato** o **indeterminato.**

ESEMPI: **il** libro - **un** libro — **la** donna - **una** donna — **il** gatto - **un** gatto

L'**AGGETTIVO:** è quella parola che si aggiunge al nome per indicarne la **qualità** e per **determinarlo.**

ESEMPI: un libro **bello** - un **povero** cane
un ragazzo **studioso**

Il **PRONOME:** è la parola che fa le **veci del nome** (ossia che si mette spesso al posto del nome per evitare ripetizioni).

ESEMPI: **egli** parla - **questi** mi dissero... - il **quale** fece...

Il **VERBO:** è la parola che indica: un'**esistenza,** un'**azione,** uno **stato** o un modo di essere delle **persone,** degli **animali,** delle **cose.**

ESEMPI: io **vivo** - tu **lavori** - il cane **abbaia** - il gatto **dorme** - l'albero **fiorisce**

Le parti invariabili

L'**AVVERBIO:** è la parola che si aggiunge al *verbo,* all'*aggettivo* o ad un altro *avverbio* per modificarne o completarne il significato.

ESEMPI: Io mangio **poco** - Camminiamo **adagio** - Conversano **allegramente** - Sei **troppo** buono con me - Hai fatto il compito, ma **non** bene

La **PREPOSIZIONE:** è una parola che si mette davanti ad un *nome* o ad un *pronome* per indicarne la *relazione con altre parole.* Serve a formare i **complementi**.

ESEMPI: Domani andrò **a** Venezia - Verrai **con** me - Stiamo **in** giardino.

La **CONGIUNZIONE:** è una parola che serve a congiungere tra di loro *due parole* di una stessa *proposizione,* o due *proposizioni,* o due *periodi.*

ESEMPI: Aldo **e** Gino sono buoni - Aldo legge, **ma** legge male. - Non parto, **perchè** nevica.

L'**INTERIEZIONE:** è una parola che serve ad esprimere un improvviso e vivo *moto dell'animo;* un sentimento di *dolore,* di *gioia,* di *dubbio,* di *meraviglia,* di *disprezzo.*

ESEMPI: Ahi! - Ah! - Evviva! - Mah! - Eh! - Poh!

L'ANALISI GRAMMATICALE

Ogni parola, secondo la sua funzione grammaticale, viene classificata in una delle *parti del discorso.*

Riconoscere quale funzione hanno le singole parole di un discorso significa farne l'*analisi grammaticale.*

Perciò l'analisi grammaticale è il **riconoscimento e la classificazione delle parti di un discorso.**

ESEMPI: Un bravo ragazzo ama i genitori, è attento a scuola e legge buoni libri.

un	: *articolo*
bravo	: *aggettivo*
ragazzo	: *nome*
ama	: *verbo*
i	: *articolo*
genitori	: *nome*
è	: *verbo*
attento	: *aggettivo*
a	: *preposizione*
scuola	: *nome*
e	: *congiunzione*
legge	: *verbo*
buoni	: *aggettivo*
libri	: *nome*

Per poter fare l'*esatta analisi grammaticale* è necessaria la perfetta conoscenza della **morfologia** che è lo studio grammaticale delle **parti del discorso** secondo la loro funzione e forma.

IL NOME

Il **NOME** (o *sostantivo*) è quella *parte variabile del discorso* che serve ad indicare: **persone, animali, oggetti,** oppure **idee, concetti, stati d'animo;** ossia cose *esistenti in natura* o *nel nostro pensiero.*

Il nome può essere perciò **concreto** o **astratto.**

Concreto: indica *persone, animali, cose* che materialmente *esistono,* perciò percettibili dai nostri sensi, ossia che *si possono vedere, sentire, toccare.*

ESEMPI: fanciulla - scolaro - fiore - elefante - gatto - mare - collina - tavolo - libro - aria - vento - danza

Astratto: indica cose che *non esistono* materialmente, ma soltanto nel nostro pensiero; che sono creazioni della nostra mente e che, di consegunza, *non si possono, nè vedere, nè sentire, nè toccare.*

ESEMPI: amicizia - bontà - carità - esperienza - giustizia - letizia - pensiero - studio - virtù - odio - amore - gloria

Nomi comuni - propri - collettivi

I **nomi** possono essere:

COMUNI: quando indicano *persona, animale* o *cosa* senza indicarle individualmente, quindi senza distinguerle dalle altre della stessa specie.

ESEMPI: uomo - scolaro - cane - monte - fiume - mare

Infatti questi nomi *non indicano* di quale uomo o monte, o fiume, ecc., io intendo parlare, perciò sono *comuni* a tutti gli uomini, o monti, o fiumi ecc.

PROPRI: quando indicano: una *persona, animale* o *cosa, individualmente,* distinguendola quindi da tutte le altre della stessa specie.

ESEMPI: Giorgio - Fido - il Cervino - l'Adige - l'Adriatico - Venezia

Questi nomi infatti *indicano* di quale uomo, o animale, o fiume, ecc. io intendo parlare; ossia rappresentano una persona, un animale, una cosa che non possono essere confuse con altre, perciò sono nomi *propri.*

COLLETTIVI: quando indicano un insieme di *più* persone, animali o cose della *stessa specie.*

ESEMPI: la folla - la gente - la flotta - l'esercito - la tribù - il popolo - la scolaresca - l'armento - la mobilia - il vasellame - il fogliame - il bestiame

* * *

Osservazioni sui **nomi propri.**

Nome *proprio* non è soltanto il nome *individuale* (*Anna, Luigi, ecc.*) ma anche il nome di famiglia, ossia il *cognome* (*Leopardi, Parini, Pascoli*).

Il nome precede sempre il cognome: *Giacomo Leopardi; Giuseppe Parini; Giovanni Pascoli.* Eccetto negli indici, dove i cognomi vengono riportati in ordine alfabetico.

Nomi derivati

Si chiamano derivati quei nomi che hanno origine, ossia *che derivano, da altre parole.*

ESEMPIO: **scolaresca** nome *derivato* da:
scuola (nome *primitivo*)

Possono derivare da *nomi*, da *aggettivi*, da *verbi*.

ESEMPI:	Artista	- deriva dal nome	: Arte
	Artigiano	- » » »	: Arte
	Ortolano	- » » »	: Orto
	Giardiniere	- » » »	: Giardino
	Campanile	- » » »	: Campana
	Cristiano	- » » »	: Cristo
	Guerriero	- » » »	: Guerra
	Cortigiano	- » » »	: Corte
	Montagna	- » » »	: Monte
	Libreria	- » » »	: Libro
	Grembiule	- » » »	: Grembo
	Bestiame	- » » »	: Bestia
	Boscaiolo	- » » »	: Bosco
	Mandriano	- » » »	: Mandria
	Ignoranza	- deriva dal verbo	: Ignorare
	Calpestìo	- » » »	: Calpestare
	Ronzìo	- » » »	: Ronzare
	Vincita	- » » »	: Vincere
	Dormitorio	- » » »	: Dormire
	Bellezza	- deriva dall'aggettivo	: Bello
	Alterigia	- » »	: Altero
	Bravura	- » »	: Bravo
	Chiarore	- » »	: Chiaro
	Avarizia	- » »	: Avaro
	Cortesia	- » »	: Cortese
	Moltitudine	- » »	: Molto
	Novena	- » »	: Nove

Nomi alterati

Si chiamano alterati *quei nomi ai quali, l'aggiunta di un suffisso, ha parzialmente modificato il significato originario.*

Tale aggiunta si fa per dare al nome un senso di **diminuzione,** di **accrescimento,** di **vezzo** o di **disprezzo.**

Pertanto, i nomi *alterati* si distinguono in:

DIMINUTIVI: (racchiudono l'idea di **piccolezza**).

Si formano aggiungendo al tema i *suffissi*: **ino - ina - etto - etta - ello - ella - icino - icina - icello - icella.**

ESEMPI:	tavolo	tavol-**ino**
	gatta	gatt-**ina**
	libro	libr-**etto**
	bimba	bimb-**etta**
	asino	asin-**ello**
	pastore	pastor-**ella**
	lume	lum-**icino**
	vento	vent-**icello**
	grande	grand-**icella**

ACCRESCITIVI (racchiudono l'idea di **grandezza**).

Si formano aggiungendo al tema i *suffissi*: **one - ona**.

ESEMPI:	libro	libr-**one**
	donna	donn-**one**
	ragazza	ragazz-**ona**
	vecchia	vecchi-**ona**

VEZZEGGIATIVI (aggiungono al nome l'idea di **grazia,** di **vezzo**).

Si formano aggiungendo al tema i *suffissi*: **uccio - uccia - uzza - erello - erella - ola - ettina,** e anche i *suffissi* usati per i *diminutivi.*

Alcuni **diminutivi** e **vezzeggiativi** vengono usati, nel linguaggio familiare, per i nomi propri.

Esempi:	cavallo	cavall-**uccio**
	bocca	bocc-**uccia**
	pietra	pietr-**uzza**
	pazzo	pazz-**erello**
	vecchia	vecchi-**erella**
	bestia	best-i**ola**
	fiume	fium-**icello**
	bambino	bambin-**ello**
	cuore	cuor-**icino**
	casa	cas-**ina**
	letto	lett-**ino**
	bimbo	bimb-**etto**
	borsa	bors-**ettina**
	Luigi	Luig-**ino**
	Maria	Mari-**uccia**
	Vincenzo	Vincenz-**ino**
	Elisa	Lisa - Lis-**etta**
	Antonio	Toni - Ton-**ino**

DISPREGIATIVI (esprimono **disprezzo, spregio** o **deformità** della cosa nominata).

Si formano con i *suffissi*: **accio - accia - astro - astra - ucolo - ucola - onzolo - upola - aglia.**

ESEMPI:	ragazzo	ragazz-**accio**
	lingua	lingu-**accia**
	giovine	giovin-**astro**
	poeta	poet-**ucolo**
	maestra	maestr-**ucola**
	medico	medic-**onzolo**
	casa	cas-**upola**
	gente	gent-**aglia**

Nomi composti

Si chiamano composti perché *sono formati dall'unione di due parole* che possono essere:

— due **nomi**

ESEMPI:	madreperla	(*madre-perla*)
	ferrovia	(*ferro-via*)
	capolavoro	(*capo-lavoro*)

— un **nome** e un **aggettivo**

ESEMPI:	cassaforte	(*cassa-forte*)
	biancospino	(*bianco-spino*)
	buonumore	(*buon-umore*)

— due **aggettivi**

ESEMPI:	pianoforte	(*piano-forte*)
	sordomuto	(*sordo-muto*)
	agrodolce	(*agro-dolce*)

— un **verbo** e un **nome**

ESEMPI:	portalettere	(*porta-lettere*)
	spazzaneve	(*spazza-neve*)
	cantastorie	(*canta-storie*)

— due **verbi**

ESEMPI:	saliscendi	(*sali-scendi*)
	dormiveglia	(*dormi-veglia*)
	giravolta	(*gira-volta*)

FORMAZIONE DEL PLURALE DEI NOMI COMPOSTI

In generale, i nomi composti formano il plurale come i nomi comuni (ossia cambiano la vocale finale).

ESEMPI:	ferrovi**a**	ferrovi**e**
	capolavor**o**	capolavor**i**
	sordomut**o**	sordomut**i**
	asciugaman**o**	asciugaman**i**

Alcuni (formati da un nome e da un aggettivo), cambiano la vocale finale di tutte e due le parti.

ESEMPI:	cass**a**fort**e**	cass**e**fort**i**
	acqu**a**fort**e**	acqu**e**fort**i**
	mezz**a**lun**a**	mezz**e**lun**e**

Alcuni nomi, che nella prima parte hanno la parola « capo », cambiano la vocale finale della prima parte, altri cambiano la vocale finale della seconda parte, altri infine cambiano le vocali finali di tutte e due le parti.

ESEMPI:	cap**o**stazione	cap**i**stazione
	cap**o**squadra	cap**i**squadra
	capogir**o**	capogir**i**
	capolavor**o**	capolavor**i**
	cap**o**sald**o**	cap**i**sald**i**

Rimangono **invariate** nella formazione del *plurale* le parole composte da:

— un **verbo** ed un **nome** (*al plurale*)

ESEMPI:

singolare	*plurale*
il portalettere	i portalettere
il portamonete	i portamonete
lo sfollagente	gli sfollagente
il cambiavalute	i cambiavalute
il cavatappi	i cavatappi

— quelle composte da **due verbi**

ESEMPI:

singolare	*plurale*
il saliscendi	i saliscendi
il dormiveglia	i dormiveglia
il lasciapassare	i lasciapassare

Genere del nome

I nomi possono essere di genere:

maschile o **femminile**

Generalmente sono di genere **maschile:**

a) i nomi che terminano in: **o** (*eccetto*: mano, eco, dinamo, radio ed alcuni altri);

ESEMPI: uomo - libro - cavallo - brodo

b) alcuni nomi che terminano in: **e**

ESEMPI: cuore - fiore - padre

c) i nomi dei *mesi* e dei *giorni* della *settimana* (*fa eccezione*: la domenica).

ESEMPI: gennaio - febbraio - ecc. — lunedì - martedì - ecc.

d) i nomi degli *alberi* (*eccetto*: la vite, l'elce, e quelli che terminano in **a**: la palma, la quercia, l'acacia, ecc.)

ESEMPI: abete - arancio - ciliegio - mandorlo - pero - ulivo, ecc.

e) i nomi dei *monti, laghi, fiumi, mari,* anche se terminano in: **a** (*eccetto*: la Marmolada, le Alpi, la Stura, la Dora, la Senna, le Ande).

ESEMPI: **il Rosa - l'Etna - il Garda - il Lario - il Volga - il Secchia - l'Adriatico**

Generalmente sono di genere **femminile:**

a) i nomi che terminano in: **a** (fanno *eccezione*: poeta, giornalista, monarca, poema, problema, papa, tema, patriarca, reuma, teorema, panorama, anagramma, diadema, pianeta, schema, prisma, clima, duca, sistema, dramma, politeama, dogma, profeta);

ESEMPI: **mamma - maestra - penna - barca - rosa - via - paura - giumenta**

b) i nomi dei *frutti* (fanno *eccezione*: il cedro, il fico, il limone, il dattero, il mandarino, ed altri che indicano sia l'albero che il frutto);

ESEMPI: **mela - pera - susina - castagna - ciliegia**

c) alcuni nomi che terminano in: **e**

ESEMPI: **madre - sete - carne - tosse**

d) i nomi di *città* e di *isole, regioni, stati* (fanno *eccezione*: il Piemonte, il Lazio, il Veneto, l'Abruzzo, il Molise, il Cairo, il Madagascar, il Belgio, il Giappone, il Bengala, ed altri);

ESEMPI: **Venezia - Napoli - Firenze - Lombardia - Toscana - Elba - l'Argòlide - l'Italia - l'Ellade**

e) quasi tutti i nomi che terminano in: **i** e **ù** (fanno *eccezione*: il brindisi, il bambù e qualche altro).

ESEMPI: **l'eclissi - la crisi - la tesi - la tisi - la metropoli la schiavitù - la virtù - la gioventù**

Nomi di genere comune

Si dicono di genere comune quei nomi che *hanno una stessa forma, tanto per il maschile quanto per il femminile.*

Il *genere* si distingue mediante l'**articolo**.

ESEMPI:

maschile	*femminile*
il nipote	la nipote
il giovane	la giovane
il consorte	la consorte
il pianista	la pianista
il cantante	la cantante
il reggente	la reggente
il fiorista	la fiorista
il villeggiante	la villeggiante
un artista	un'artista
un omicida	un'omicida
un erede	un'erede
un ospite	un'ospite
un martire	una martire
un Francese, ecc.	una Francese, ecc.

Nomi di genere promiscuo

Si dicono di genere promiscuo alcuni *nomi di animali che hanno*:

— *o la sola forma* **maschile**

ESEMPI: il cammello - il corvo - il leopardo - il serpente - lo sciacallo - lo scorpione - lo scoiattolo - il dromedario - il topo

— *o la sola forma* **femminile**

ESEMPI: l'aquila - la pantera - la rondine - la lepre - la vipera - la lucertola - la mosca - l'ape - la scimmia

In questo caso ogni forma vale per indicare sia il **maschio** che la **femmina.**

Tali nomi conservano anche il medesimo **articolo**, perciò, volendo precisarne il sesso,

dovremo dire: il corvo *femmina*
l'aquila *maschio*

oppure: la *femmina* del corvo
il *maschio* dell'aquila

Come si forma il femminile dei nomi

NOMI MOBILI

Si chiamano *mobili* quei nomi che *hanno desinenze diverse* per il **maschile** e per il **femminile**.

ESEMPI:

maschile con desinenze in: **o - e**	*femminile* con desinenza in: **a**
cuoco	cuoc**a**
gatto	gatt**a**
cavallo	cavall**a**
sarto	sart**a**
fanciullo	fanciull**a**
amico	amic**a**
signore	signor**a**
padrone	padron**a**
cameriere	camerier**a**

maschile con desinenze in: **a - e - o**	*femminile* con desinenze in: **essa**
poeta	poet**essa**
duca	duch**essa**
dottore	dottor**essa**
professore	professor**essa**
studente	student**essa**
conte	cont**essa**
leone	leon**essa**
elefante	elefant**essa**
oste	ost**essa**
fattore	fattor**essa**
presidente	president**essa**
avvocato	avvocat**essa**

ESEMPI:

maschile con desinenza in: **tore**	*femminile* con desinenza in: **trice** (o in: **tora**)
at**tore**	at**trice**
pit**tore**	pit**trice**
scul**tore**	scul**trice**
benefat**tore**	benefatt**trice**
lavora**tore**	lavora**trice**
impera**tore**	impera**trice**
cuci**tore**	cuci**trice**
tradi**tore**	tradi**trice**
ama**tore**	ama**trice**
tin**tore**	tin**tora**

(eccetto: *dottore* e *fattore*)

Alcuni *nomi* al femminile modificano anche il **tema**.

ESEMPI:

maschile	*femminile*
Dio	Dea
Re	Regina
eroe	eroina
gallo	gallina
cane	cagna

Altri hanno il *femminile completamente diverso dal maschile*.

ESEMPI:

maschile	*femminile*
padre	madre
babbo	mamma
fratello	sorella
frate	suora
uomo	donna
celibe	nubile
maschio	femmina
compare	comare
genero	nuora
marito	moglie
bue	mucca
montone	pecora
porco	scrofa
padrino	madrina
padrigno	madrigna

Il numero del nome

Il numero del nome può essere:

singolare o **plurale**

il **singolare**	si riferisce ad *una sola persona, cosa* o *animale*
il **plurale**	si riferisce a *due* o *più persone, cose* o *animali*

Flessione del nome

La flessione del nome *è il cambiamento delle desinenze* nel passaggio *dal singolare al plurale.*

ESEMPI:

singolare	*plurale*
fanciull**a**	fanciull**e**
libr**o**	libr**i**
can**e**	can**i**

Le declinazioni

I *nomi* vengono raggruppati in **tre declinazioni** a seconda del modo con cui terminano al *singolare* e del modo in cui formano *il plurale.*

TAVOLA DELLE DECLINAZIONI DEL NOME

Prima declinazione

a) Nomi col *singolare in*: **a**

maschili: plurale in: **i**
femminili: plurale in: **e**

b) Nomi che terminano in: **ca** - **ga**

maschili: plurale in: **chi** - **ghi**
femminili: plurale in: **che** - **ghe**

c) Nomi che terminano in: **cia** - **gia**

quando la **i** finale *non è accentata* generalmente la *perdono* nel plurale.

quando la **ì** finale **è** accentata la *conservano* nel plurale.

Seconda declinazione

a) Nomi col *singolare in*: **o** (tutti *maschili*)

Plurale in: **i**

b) Nomi che terminano in: **io**

con la **ì** finale accentata: plurale in: **ìi**
con la **i** finale non accentata: plurale in: **i**

c) Nomi che terminano in: **co** - **go**

se piani: plurale in: **chi** - **ghi**
se sdruccioli: plurale in: **ci** - **gi**

Terza declinazione

a) Nomi *maschili* e *femminili* col *singolare in*: **e**

plurale in: **i**

Come si forma il plurale dei nomi

a) nomi *femminili* che terminano in - **a:**
al *plurale* escono in: **e**

ESEMPI:

singolare	*plurale*
ros**a**	ros**e**
fanciull**a**	fanciull**e**
gallin**a**	gallin**e**
tavol**a**	tavol**e**

b) nomi *femminili* che terminano in - **e:**
al *plurale* escono in: **i**

ESEMPI:

singolare	*plurale*
madr**e**	madr**i**
volp**e**	volp**i**
ret**e**	ret**i**
vest**e**	vest**i**

c) nomi *maschili* (qualunque finale abbiano):
al *plurale* escono in: **i**

ESEMPI:

singolare	*plurale*
poet**a**	poet**i**
libr**o**	libr**i**
padr**e**	padr**i**

d) nomi *maschili* che terminano in - **ca** e - **ga:**
al *plurale* escono in: **chi** e **ghi**

ESEMPI:

singolare	*plurale*
du**ca**	du**chi**
monar**ca**	monar**chi**
patriar**ca**	patriar**chi**
colle**ga**	colle**ghi**
strate**ga**	strate**ghi**

e) nomi *femminili* che terminano in - **ca** e - **ga:**
al *plurale* escono in: **che** e **ghe**

ESEMPI:

singolare	*plurale*
fo**ca**	fo**che**
fati**ca**	fati**che**
formi**ca**	formi**che**
botte**ga**	botte**ghe**
al**ga**	al**ghe**
van**ga**	van**ghe**

f) nomi che terminano in - **co** e - **go:**
al *plurale,* alcuni escono in **chi** e **ghi,** altri in **ci** e **gi**

ESEMPI:

singolare	*plurale* (in: **chi** e **ghi**)
ar**co**	ar**chi**
bifol**co**	bifol**chi**
cuo**co**	cuo**chi**
fuo**co**	fuo**chi**
stoma**co**	stoma**chi**
a**go**	a**ghi**
la**go**	la**ghi**
dialo**go**	dialo**ghi**

singolare	*plurale* (in: **ci** e **gi**)
parro**co**	parro**ci**
ami**co**	ami**ci**
medi**co**	medi**ci**
mona**co**	mona**ci**
nemi**co**	nemi**ci**
teolo**go**	teolo**gi**
filolo**go**	filolo**gi**

Alcuni nomi, nel *plurale* hanno tutte e due le forme.

ESEMPI:

singolare	*plurale*
astrolo**go**	astrolo**gi** o astrolo**ghi**
farma**co**	farma**ci** o farma**chi**

Attenzione

Molte sono le *eccezioni*. Perciò soltanto la consultazione di un buon vocabolario e soprattutto la pratica nell'uso della lingua potranno evitare gli errori.

Vi sono casi in cui la stessa parola talvolta al plurale vuole una forma, talvolta un'altra.

ESEMPI:

singolare	*plurale*
equivo**co**	equivo**ci** - se è *nome* (ad evitare equivo**ci**...)
	equivo**chi** - se è *aggettivo* (udii discorsi equivo**chi**, certe voci equivo**che**...)

Anche gli *aggettivi sostantivati* che al *singolare* escono in: **ico**, hanno il *plurale* in: **ci**.

ESEMPI:

singolare	*plurale*
la**ico**	la**ici**
mag**ico**	mag**ici**
class**ico**	class**ici**
arca**ico**	arca**ici**
eret**ico**	eret**ici**
ebra**ico**	ebra**ici**
scismat**ico**	scismat**ici**

I nomi che terminano in: **cia** e **gia** (con la **i** *finale non accentata*), al *plurale* escono in: **ce** e **ge** (perdendo la **i**).

ESEMPI:

singolare	*plurale*
minac**cia**	minac**ce**
roc**cia**	roc**ce**
man**cia**	man**ce**
focac**cia**	focac**ce**
guan**cia**	guan**ce**
piog**gia**	piog**ge**
fran**gia**	fran**ge**

fascia	**fasce**
spiaggia	**spiagge**
valigia	**valige**
lancia	**lance**

I nomi che terminano in: **cìa** e **gìa** (con la **i** *finale accentata*), al *plurale* escono in: **cìe** e **gìe** (conservando la **ì**).

Esempi:

singolare	*plurale*
farma**cìa**	farma**cìe**
s**cìa**	s**cìe**
bu**gìa**	bu**gìe**
nostal**gìa**	nostal**gìe**
nevral**gìa**	nevral**gìe**

Osservazioni

Talvolta conservano la **i,** anche se *non accentata,* per evitare confusioni con altre parole.

Esempi:

singolare	*plurale*	
cami**cia**	cami**cie**	(per non confondere con « *il càmice* »)
auda**cia**	auda**cie**	(per non confondere con l'aggettivo: *audace*)
fero**cia**	fero**cie**	(per non confondere con l'aggettivo: *feroce*)

Vi sono inoltre alcuni altri nomi, derivanti dal latino, che al plurale conservano la **i**.

Esempi:

singolare	*plurale*
aca**cia**	aca**cie**
so**cia**	so**cie**
fidu**cia**	fidu**cie**
provin**cia**	provin**cie**
rè**gia**	rè**gie**

I nomi che terminano in: **io** (con la **i** finale *non accentata)*, al *plurale* escono in: **i**.

ESEMPI:

singolare	*plurale*
fig**lio**	fig**li**
libra**io**	libra**i**
occh**io**	occh**i**
gua**io**	gua**i**
fantocc**io**	fantocc**i**
stud**io**	stud**i**
oz**io**	oz**i**

I nomi che terminano in: **ìo** (con la **ì** finale *accentata)*, al *plurale* escono in: **ìi**.

ESEMPI:

singolare	*plurale*
brus**ìo**	brus**ìi**
legg**ìo**	legg**ìi**
mormor**ìo**	mormor**ìi**
ronz**ìo**	ronz**ìi**
z**ìo**	z**ìi**
frusc**ìo**	frusc**ìi**
luccich**ìo**	luccich**ìi**

Alcuni nomi, pur *non avendo* la **i** finale accentata, al plurale escono in **ii** per non creare confusione con altre parole.

ESEMPI:

singolare	*plurale*	
con**io**	con**ii**	(per non confondere con: *coni,* plurale di *cono*)
suicid**io**	suicid**ii**	(per non confondere con: *suicidi,* plurale di *suicida*)
temp**io**	temp**ii**	(o templ**i**, per non confondere con: *tempi,* plurale di *tempo*)

Alcuni nomi al *plurale* mutano la **o** in **a** *diventando femminili.*

ESEMPI:

singolare	*plurale*
uov**o**	uov**a**
pai**o**	pai**a**
migli**o**	migli**a**
centinai**o**	centinai**a**
migliai**o**	migliai**a**
stai**o**	stai**a**
ris**o**	ris**a**

Alcuni nomi formano il *plurale* con un tema *diverso* dal singolare.

ESEMPI:

singolare	*plurale*
Dio	Dei
uomo	uomini
bue	buoi
semidio	semidei

Nomi indeclinabili

Si dicono **indeclinabili** quei nomi che al *plurale* conservano la **stessa desinenza** che al singolare.

Sono *indeclinabili*:

I nomi che *terminano con vocale* **accentata**

ESEMPI:

singolare	*plurale*
il caffè	i caffè
la città	le città
il falò	i falò
la virtù	le virtù

I nomi che *terminano con* **consonante**

ESEMPI:

singolare	*plurale*
il bar	i bar
il gas	i gas
il bazar	i bazar
lo sport	gli sport
l'autobus	gli autobus

I nomi che terminano in: **i**

ESEMPI:

singolare	*plurale*
l'analisi	le analisi
la sintesi	le sintesi
l'oasi	le oasi
la tesi	le tesi
la crisi	le crisi
l'ipotesi	le ipotesi
la metropoli	le metropoli
il brindisi	i brindisi

Alcuni nomi che terminano in: **a**

ESEMPI:

singolare	*plurale*
il boa	i boa
il boia	i boia
il vaglia	i vaglia
il capoccia	i capoccia
il gorilla	i gorilla
il paria	i paria
il cobra	i cobra
il procaccia	i procaccia

Qualche nome terminante in: **o**

ESEMPI:

singolare	*plurale*
la dinamo	le dinamo
la radio	le radio

Alcuni *monosillabi*

ESEMPI:

singolare	*plurale*
il re	i re
la gru	le gru

Alcuni nomi che terminano in: **ie**

ESEMPI:

singolare	*plurale*
la specie	le specie
la serie	le serie

NOTA: però: *moglie* al plurale fa *mogli; superfice* ed *effige,* al plurale hanno due forme: *superficie* o *superfici, effigie* o *effigi.*

Nomi difettivi

Si chiamano difettivi quei nomi che *si usano soltanto al singolare o soltanto al plurale,* perché *difettano* ossia mancano di una delle due forme.

Si usano soltanto al **singolare:**

a) I seguenti nomi: la fame - la sete - la prole - il senape - il miele - il pepe - il sego - il brio - il fiele - il sangue - l'aere - il senno

b) Molti nomi di *metalli*: il bario - il calcio - il mercurio - ecc.

c) Quasi tutti i nomi *geografici*

d) I nomi dei *mesi*

e) I nomi *propri* di *persona*

Si usano soltanto al **plurale:**

a) I seguenti nomi: gli annali - le ferie - le busse - i bronchi - le calende - le cesoie - i calzoni - i dintorni - le esequie - le fauci - le forbici - i Lari - le manette - le moine - i maccheroni - le molle - le mutande - le nari - le nozze - le fattezze - le ambagi - i posteri - i pantaloni - gli occhiali - gli spinaci - le spezie - le stoviglie - i trampoli - gli sponsali - le rigaglie - le tenebre - i viveri

b) Alcuni nomi *geografici*: le Ande - le Baleari - i Pirenei

NOTA - Alcuni nomi di metalli hanno al plurale un significato diverso dal singolare.

ESEMPI:

singolare	*plurale*
oro	ori (*oggetti d'oro*)
ferro	ferri (*arnesi*)
bronzo	bronzi (*oggetti di bronzo*)

Nomi sovrabbondanti

Si chiamano sovrabbondanti quei nomi che *al plurale hanno due forme* e quasi sempre *con differenza di significato*.

ESEMPI:

singolare	*plurale*
l'anello	gli anelli (*cerchietti*) le anella (*riccioli*)
il braccio	i bracci (*della bilancia, della croce*) le braccia (*dell'uomo*)
il calcagno	i calcagni (*in senso proprio*) le calcagna (*in senso figurato*)
il ciglio	i cigli (*del monte, del fosso, della strada*) le ciglia (*degli occhi*)
il corno	i corni (*strumenti musicali*) le corna (*degli animali*)
il filo	i fili (*del telefono*, ecc.) le fila (*d'una congiura*)
il frutto	i frutti (*delle piante, del lavoro, del denaro*) le frutta (*da servire in tavola*)
il fondamento	i fondamenti (*di una scienza*) le fondamenta (*di una casa*)
il ginocchio	i ginocchi le ginocchia (*indifferentemente*)
il gesto	i gesti (*movimenti delle mani*) le gesta (*imprese eroiche*)
il grido	i gridi (*degli animali*) le grida (*dell'uomo*)
il labbro	i labbri (*della ferita, del vaso*) le labbra (*dell'uomo*)

il membro	i membri (*d'una società*) le membra (*del corpo umano*)	
il muro	i muri (*di una stanza, di una casa*) le mura (*della città*)	
l'osso	gli ossi (*di animali spolpati - considerati singolarmente*) le ossa (*del corpo umano - nel loro complesso*)	
sopracciglio	i sopraccigli le sopracciglia	(*indifferentemente*)

Nomi con *due forme al singolare* e *due al plurale*, quasi sempre con differenza nel significato o nell'uso.

ESEMPI:

singolare		*plurale*
l'orecchio		gli orecchi
l'orecchia		le orecchie
il berretto		i berretti
la berretta		le berrette
il cesto	(*se piccolo*)	i cesti
la cesta	(*se grande*)	le ceste
il fronte	(*di guerra*)	i fronti
la fronte	(*del corpo umano*)	le fronti
il midollo	(*delle ossa*)	le midolla
la midolla	(*del pane*)	le midolle
il coltello	(*con lama stretta*)	i coltelli
la coltella	(*con lama larga*)	le coltella

TAVOLA RIASSUNTIVA DEL NOME

SPECIE

- **Concreto**
  - COMUNE
    - persona : *scolaro*
    - animale : *gatto*
    - cosa : *libro*
  - PROPRIO
    - persona : *Ada*
    - animale : *Fido*
    - geografico : *Pisa*
  - COLLETTIVO : *scolaresca*
- **Astratto** : *bontà, virtù*
- **Primitivo** : *libro* - **Derivato** : *libreria*
- **Composto** : cassaforte (*cassa-forte*)
- **Alterato**
  - DIMINUTIVO : *libretto*
  - ACCRESCITIVO : *librone*
  - VEZZEGGIATIVO : *libriccino*
  - DISPREGIATIVO : *libraccio*

GENERE

- **Maschile** : *ragazzo*
- **Femminile** : *ragazza*
- **Comune** : *il nipote - la nipote*
- **Promiscuo** : *pulce* (maschio e femmina)

NUMERO

- **Singolare** : *gatto, gatta*
- **Plurale** : *gatti, gatte*

Nome sovrabbondante

- singolare : *anello*
- plurale : *anelli - anella*

Nome difettivo

- del singolare : *nozze*
- del plurale : *pepe*

L'ARTICOLO

L'*Articolo* può essere:

determinativo o **indeterminativo**

DETERMINATIVO (quando **determina** con chiarezza *il nome, ossia lo* **precisa**).

singolare	maschile	: **il** - **lo** - **(l')**
	femminile	: **la** - **(l')**
plurale	maschile	: **i** - **gli**
	femminile	: **le**

ESEMPI: — Datemi **il** libro
— Aprite **lo** zaino
— Usate **l'**uncinetto
— **La** mamma è buona
— **L'**uva è matura
— **I** fiori sono belli
— **Gli** uccelli cantano
Comperate **le** viole

(Usando questi articoli, oltre a distinguere il genere ed il numero del nome che li segue, **determino** questo nome, ossia indico con precisione *quale* libro dovete darmi, *quale* zaino dovete aprire, ecc.).

INDETERMINATIVO (quando **non determina** con chiarezza *il nome, ma si limita ad* **indicarlo** semplicemente).

singolare	maschile	: **un** - **uno**
	femminile	: **una** - (**un'**)

plurale non esiste

Esempi: — Datemi **un** libro — Usate **una** matita
— Aprite **uno** zaino — E' venuta **un'**amica

(usando questi articoli, distinguo il **genere** del nome che li segue, ma non preciso *quale* libro dovete darmi, *quale* zaino dovete aprire; mi limito ad indicarne *uno qualsiasi*).

COME SI USA L'ARTICOLO DETERMINATIVO

IL - I si usano davanti a parole di genere *maschile* che cominciano *con consonante* (*eccetto*: **s** impura - **z** - **gn** - **ps** - **x**).

Esempi: **il** libro - **i** libri - **il** cane - **i** cani

LO - GLI si usano davanti a parole di genere *maschile* che cominciano *con vocale* o con **s** impura, **z** - **gn** - **ps** - **x.**

Lo, davanti a vocale, perde la **o**, e si apostrofa. **Gli,** si può apostrofare solo davanti a **i.**

Esempi:

singolare	*plurale*
lo zaino	**gli** zaini
lo studio	**gli** studi
lo xilografo	**gli** xilografi
lo psicologo	**gli** psicologhi
l'asino	**gli** asini
l'uomo	**gli** uomini
l'inglese	**gl'**inglesi
l'infermo	**gl'**infermi

LA - LE si usano davanti a parole di genere *femminile* che cominciano *con consonante.*

ESEMPI: **la** madre - **le** madri - **la** perla - **le** perle

L' davanti a parole di genere *femminile* che cominciano *con vocale,* l'articolo **la** perde la vocale **a** e si apostrofa.

ESEMPI: **l'**anima - **l'**età - **l'**oca - **l'**iride

LE si può apostrofare soltanto davanti a qualche parola che incominci con la vocale **e**.

ESEMPI: **l'**erbe - **l'**else

Ma se la parola ha un'*unica forma* per il singolare e per il plurale, l'articolo **le** non si può elidere.

ESEMPI: l'eclissi, **le** eclissi - l'effigie, **le** effigie - l'età, **le** età

Osservazioni sull'uso dell'articolo:

Non si deve mettere l'articolo *davanti ai nomi di città.*

ESEMPI: Venezia, Parigi, Roma, Milano, Pescara, ecc.
(*fanno eccezione*: La Spezia, l'Aquila, l'Aia, il Cairo e pochi altri)

Non si deve mettere l'articolo *davanti ai nomi propri.*

ESEMPI: Giorgio, Paolo, Anna, ecc. (*nell'uso familiare è tollerato mettere l'articolo davanti a quelli femminili:* l'Anna, la Cesira, ecc.)

Non si mette l'articolo *davanti ai cognomi d'uomo.*

ESEMPI: Colombo, Bianchi, ecc.

Non si deve mettere l'articolo *davanti ai nomi seguiti dal cognome.*

ESEMPI: Francesco Petrarca - Giovanni Pascoli - Giacomo Leopardi, ecc.

Non si deve mettere l'articolo *davanti ai nomi di parentela* (di numero singolare) *preceduti dall'aggettivo possessivo.*

ESEMPI: Mia madre - mio padre - mia sorella - mio zio - mio cugino - mia cognata

Si mette sempre l'articolo davanti ai nomi: *babbo, mamma, nonno, nonna* anche se sono preceduti dall'*aggettivo possessivo.*

ESEMPI: **il** mio babbo - **la** mia mamma - **il** mio nonno - **la** mia nonna

Si mette quasi sempre *davanti a cognomi di persone celebri.*

ESEMPI: Il Leopardi - il Petrarca - il Carducci - il Pascoli

Si mette sempre l'articolo *davanti ai cognomi femminili* e davanti ai cognomi riferentisi a più persone.

ESEMPI: La Colombo - La Bianchi - La Deledda - La Serao - I Bianchi - I Colombo - ecc.

Si deve mettere l'articolo *davanti ai nomi di continenti, nazioni, regioni, monti, fiumi, isole.*

ESEMPI: L'Europa - l'Italia - il Veneto - l'Abruzzo - il Cervino - il Po - la Sardegna, ecc.
(*fanno eccezione*: Capri, Cipro, Corfù, Candia, Rodi, Malta e pochi altri)

Si deve mettere l'articolo *davanti ai nomi di parentela, anche se preceduti dall'aggettivo possessivo, quando* questi nomi *sono diminutivi.*

ESEMPI: **la** mia sorellina - **il** mio fratellino - **la** mia cuginetta, ecc.

COME SI USA L'ARTICOLO INDETERMINATIVO

UN - Si usa *davanti ai nomi maschili* che cominciano per *vocale* o per *consonante* (purché le consonanti non siano: **s** impura, **z**, **ps**, **gn**, **x**).

ESEMPI: **Un** uomo - **Un** orso - **Un** cane - **Un** fiore

UNO - Si usa *davanti ai nomi maschili che cominciano per* **s** impura, **z**, **ps**, **gn**, **x**.

ESEMPI: **Uno** scolaro - **Uno** zero - **Uno** psichiatra - **Uno** gnomo - **Uno** xilografo

UNA - Si usa davanti ai nomi *femminili che cominciano per consonante.*

ESEMPI: **Una** donna - **Una** rosa - **Una** mela

UN' (una) - Davanti ai nomi *femminili che cominciano per vocale,* l'articolo **una** perde la vocale **a** e si *apostrofa.*

ESEMPI: **Un'**amica - **Un'**epoca - **Un'**oca - **Un'**idea

Osservazioni sull'*articolo indeterminativo*

Ad evitare confusioni ed errori bisogna ricordare che:

UN' (con l'apostrofo) si usa soltanto davanti ai nomi femminili.

UN (senza apostrofo) si usa davanti ai nomi maschili. Ciò vale anche per gli aggettivi: **alcuno** e **nessuno.**

Poiché l'articolo *indeterminativo non ha plurale,* se noi vogliamo indicare **indeterminatamente** più persone o più cose, dobbiamo usare le seguenti forme:

ESEMPI:

singolare	*plurale*
aspetto **un** *amico*	aspetto **degli** amici
comprerò **un** libro	comprerò **dei** libri
mi darai **una** penna	mi darai **delle** penne
oppure	
ho comprato **un** libro	ho comprato **alcuni** libri
è arrivato **un** amico	sono arrivati **alcuni** amici
ho rotto **uno** specchio	ho rotto **qualche** specchio
ho mangiato **una** mela	ho mangiato **qualche** mela

L'AGGETTIVO

L'*aggettivo* è quella *parte variabile del discorso che si accompagna al nome* per meglio specificarlo.

Si tratta, pertanto, di una parola che, aggiunta al nome, serve a **qualificarlo** o a **determinarlo.**

Perciò gli aggettivi si dividono in *due categorie*:

Qualificativi - **Determinativi**

Gli aggettivi **qualificativi** (indicano una *qualità* del nome): **bello, brutto, buono, cattivo, pigro, attento, studioso,** ecc.

Gli aggettivi **determinativi** (esprimono una determinazione di *quantità,* di *possesso,* di *numero,* di *luogo*) **poco, molto, mio, tuo, terzo, quarto, questo, quello,** ecc.

Flessione dell'aggettivo

L'*aggettivo* deve concordare in **genere e in numero** *con il nome cui si riferisce.*

Per la formazione del *femminile* e del *plurale* si devono osservare le stesse regole indicate per i nomi.

ESEMPI:

il bimb**o** buon**o**	i bimb**i** buon**i**
la bimb**a** buon**a**	le bimbe buone

L'aggettivo qualificativo e i suoi gradi

L'*aggettivo qualificativo,* che indica sempre una qualità della cosa nominata, ossia del nome, si può mettere o *prima* o *dopo il nome* a cui si riferisce. E ciò per l'armonia dei suoni. Non esistono regole.

Si chiamano **gradi** dell'**aggettivo** i *diversi modi* con i quali l'aggettivo esprime la qualità del nome.

ESEMPI: bello - più bello - meno bello - bellissimo

L'**aggettivo qualificativo** può essere di **tre gradi:**

Positivo - Comparativo - Superlativo

Aggettivi di grado positivo

Sono aggettivi di *grado positivo* quelli che *indioano una qualità senza* alcuna idea di **gradazione** o di **paragone.**

ESEMPI: — Paola è **buona**
— Giorgio è **studioso**
— il cane è **fedele**
— il libro è **bello**

Aggettivi di grado comparativo

Sono aggettivi di *grado comparativo* quando, *indicando una qualità, stabiliscono,* rispetto alla stessa, ***un* paragone** *fra due* persone, animali o cose.

ESEMPIO: — Ada è **più bella** di Paola
ma possiamo anche dire:
— Ada è **meno bella** di Paola
— Ada è **bella come** Paola

Perciò gli *aggettivi comparativi* possono essere:

1. di **maggioranza** (si formano con le particelle correlative): **più... di - più... che** (*)

   ESEMPI: — Aldo è *più* docile *di* Gino
   — L'oro è *più* prezioso *del* ferro
   — Il ferro è *più* utile *che* prezioso
   — Egli è *più* temuto *che* amato
   — Talvolta è *più* difficile tacere *che* parlare

2. di **minoranza** (si formano con le particelle correlative): **meno... di - meno... che**

   ESEMPI: — Gino è *meno* bello *di* Aldo
   — Il suono è *meno* veloce *della* luce
   — Aldo è *meno* studioso *che* intelligente

3. di **uguaglianza** (si formano con le particelle correlative: **così... come - tanto quanto - non meno... di - non meno... che**
   (Le particelle: « *così* » e « *tanto* » spesso restano sottintese).

   ESEMPI: — Il ferro è (*così*) utile *come* l'oro
   — L'aria è (*tanto*) necessaria *quanto* la luce
   — La mamma è buona *come* il babbo
   — Il cavallo è buono *quanto* il cane
   — Sei *non meno* bella *che* buona

NOTA: *più... che,* generalmente si usa davanti a un aggettivo, un participio, un infinito. Negli altri casi è più corretto usare: *più... di* (vedi esempi).

Aggettivi di grado superlativo

L'aggettivo di grado superlativo può essere: **assoluto** o **relativo.**

Superlativo assoluto (quando *indica la qualità in modo assoluto,* al massimo grado e senza alcun paragone).

— Si forma con i suffissi: **-issimo, -issima**

ESEMPI: — Paolo è buon**issimo**
— Il tempo è bell**issimo**
— Il mare è calm**issimo**
— L'acqua è cald**issima**
— L'India è pover**issima**

— Per alcuni aggettivi bisogna usare il suffisso: **-errimo**

ESEMPI: Acre — Ac**errimo**
Celebre — Celeb**errimo**
Misero — Mis**errimo**
Integro — Integ**errimo**

— Si può formare premettendo all'aggettivo gli avverbi: **molto, assai, oltremodo, estremamente, infinitamente**

ESEMPI: — Sono **molto** stanco
— Il cammino è **assai** aspro
— La situazione è **estremamente** difficile
— Sono **infinitamente** felice

— Si può anche formare con i prefissi: **arci-, stra-, sopra-, iper-, ultra-, super-**

ESEMPI: — Sono **arci**contento
— La carne è **stra**cotta
— E' un liquore **sopra**ffino
— E' un abito **ultra**moderno

— Si può formare **aggiungendo un altro aggettivo** con significato *più forte del primo*

ESEMPI: — Sono stanco **morto**
— E' ubriaco **fradicio**
— Il sacco è pieno **zeppo**

— Si può formare premettendo l'aggettivo: **tutto**

ESEMPI: — Aldo è **tutto** sudato
— Anna è **tutta** tremante

Superlativo relativo (quando *indica la qualità al massimo grado, ma relativamente* ad un gruppo di persone, animali o cose che abbiano la stessa qualità).

Può essere:

a) di **maggioranza** (si forma *premettendo l'articolo determinativo* al *comparativo di maggioranza*)

b) di **minoranza** (si forma *premettendo l'articolo determinativo* al *comparativo di minoranza*).

ESEMPI: — Aldo è **il più** timido degli alunni
— L'acciaio è **il più** duro dei metalli
— Anna è **la più** intelligente delle sorelle
— Olga è **la meno** timida delle sorelle
— Elsa è **la meno** intelligente delle scolare

Tavola riassuntiva dei gradi dell'aggettivo

POSITIVO:		*buono - bello - ricco*
COMPARATIVO	di maggioranza:	*più buono di...*
	di minoranza :	*meno buono di...*
	di uguaglianza :	*buono come...*
SUPERLATIVO	assoluto :	*buonissimo*
	relativo :	*il più buono*

Comparativi e superlativi irregolari

Alcuni aggettivi, oltre alle forme regolari, hanno delle forme irregolari derivate dal latino.

buono	*comparativo*	:	più buono	**migliore**
	superlativo	:	buonissimo	**ottimo**
cattivo	*comparativo*	:	più cattivo	**peggiore**
	superlativo	:	cattivissimo	**pessimo**
grande	*comparativo*	:	più grande	**maggiore**
	superlativo	:	grandissimo	**massimo**
piccolo	*comparativo*	:	più piccolo	**minore**
	superlativo	:	piccolissimo	**minimo**
alto	*comparativo*	:	più alto	**superiore**
	superlativo	:	altissimo	**supremo - sommo**
basso	*comparativo*	:	più basso	**inferiore**
	superlativo	:	bassissimo	**infimo**

ESEMPI:
— Ada è **migliore** di Gina
— L'ipocrisia è il **peggiore** difetto
— Il dolce è **ottimo**
— Questo pane è **pessimo**
— Ho un motore del **massimo** rendimento
— Il **supremo** ideale è...
— E' sceso nella zona **inferiore**
— Il valore di quel libro è **infimo**

Aggettivi che non ammettono gradi

Alcuni aggettivi non hanno *nè comparativo nè superlativo.* Indicano qualità che *non ammettono gradi.*

ESEMPI: argenteo - aureo - ferreo - plumbeo - vitreo - marmoreo - terreo - mortale - circolare - rotondo - quadrato - sferico - triangolare - rettangolare - autunnale - estivo - primaverile - invernale - settimanale - festivo - domenicale - mensile, ecc.

Alterazione degli aggettivi

Con gli *stessi suffissi* che si adoperano per i sostantivi, possiamo anche *alterare alcuni aggettivi* qualificativi.

Ed avremo:

a) Gli **accrescitivi** (aggiungendo il suffisso **-one**)

ESEMPI: grass-**one** - pigr-**one**

b) I **diminutivi** e **vezzeggiativi** (aggiungendo, a seconda degli aggettivi, i suffissi: **-ino, -etto, -ello, -icello, -uccio**)

ESEMPI: car-**ino** - piccol-**etto** - ignorant-**ello** - grand-**icello** - car-**uccio**

c) I **peggiorativi** (aggiungendo i suffissi: **-astro, -accio**)

ESEMPI: cattiv-**accio** - giovin-**astro**

Aggettivi sostantivati

Quando, in una frase, l'*aggettivo* ha la *funzione di un nome* si chiama aggettivo **sostantivato.**

E' sempre preceduto dall'*articolo* e può esso stesso essere qualificato da un aggettivo.

ESEMPIO: *la frase*: Gli *uomini ricchi* devono soccorrere gli *uomini poveri*

può anche essere:
I **ricchi** devono soccorrere i **poveri**

Gli aggettivi: **ricchi** e **poveri,** essendo usati in questo caso per indicare il nome « *uomini* », diventano aggettivi **sostantivati.**

L'aggettivo diventa quindi **sostantivato:**

1. Quando è usato al posto di un **nome di persona.**

ESEMPI: — Il **timido** deve essere compreso.
— I **giovani** devono aiutare i **vecchi**.

2. Quando è usato, al **maschile,** per indicare un concetto astratto.

ESEMPI: — il vero... (*la verità*)
— il giusto... (*la giustizia*)
— il bello... (*la bellezza*)

3. Quando indica **gli abitanti** di uno stato o di una regione.

ESEMPI: — I Francesi
— gli Abruzzesi
— i Veneti, *ecc.*

L'aggettivo determinativo (o indicativo)

Si chiama *determinativo* perché **determina** *alcune particolarità* del **nome,** cui è unito.

Secondo la specie di determinazione che esso indica, *l'aggettivo* **determinativo** *può essere*:

Possessivo	**Dimostrativo**
Interrogativo	**Esclamativo**
Numerale	**Indefinito**
Correlativo	

1. il **possessivo** (indica a chi *appartiene* una persona, un animale, una cosa).

ESEMPIO: — Il **mio** libro (ossia il libro che io posseggo)
(**mio** è *aggettivo possessivo*)

2. il **dimostrativo** (*determina* il nome ed indica una relazione di *vicinanza* o di *lontananza,* nel tempo e nello spazio, rispetto a chi parla od ascolta).

   ESEMPIO: — Prendi **questo** libro
   — Dammi **quello** zaino
   (**questo** e **quello** sono *aggettivi dimostrativi*)

3. l'**interrogativo** (si adopera per formulare *domande* circa la quantità, la qualità, l'identità di una persona o cosa).

   ESEMPI: — **Quanti** libri hai letto?
   — **Quali** libri leggi?
   (**quanti** e **quali**, sono *aggettivi interrogativi*)

4. l'**esclamativo** (ha forma uguale all'interrogativo e si distingue soltanto per il senso della frase).

   ESEMPIO: — **Quanto** dolore oggi!
   (**quanto** è *aggettivo esclamativo*)

5. il **numerale** (indica il numero, cioè la *quantità* esatta, delle persone e delle cose, o l'ordine di successione di più persone o cose).

   ESEMPI: — Ho comprato **due** libri
   — Dammi il **terzo** libro
   (**due** e **terzo**, sono *aggettivi numerali*)

6. l'**indefinito** (indica in modo *indefinito,* indeterminato, la quantità o la qualità del nome cui si riferisce).

   ESEMPI: — **Alcuni** libri
   — **Qualunque** libro
   (**alcuni** e **qualunque** sono *aggettivi indefiniti*)

7. il **correlativo** (stabilisce un raffronto)

   ESEMPIO: **Tale** il figlio **quale** il padre

Aggettivi possessivi

Gli aggettivi *possessivi, indicano a chi appartiene* la persona, l'animale, la cosa di cui si parla. Si distinguono in aggettivi di **prima, seconda** e **terza persona** (maschile o femminile, singolare o plurale).

Gli aggettivi **possessivi** sono:

MASCHILE		FEMMINILE	
sing.	*plur.*	*sing.*	*plur.*
mio	miei	mia	mie
tuo	tuoi	tua	tue
suo	suoi	sua	sue
proprio	propri	propria	proprie
nostro	nostri	nostra	nostre
vostro	vostri	vostra	vostre
loro	loro	loro	loro

Esempi:

singolare maschile
- — il **mio** libro è bello
- — **tuo** padre è buono
- — il **suo** cane è brutto
- — **nostro** zio è severo
- — **vostro** nipote è sano
- — il **loro** nido è grazioso

plurale maschile
- — i **miei** libri ...
- — i **tuoi** genitori ...
- — i **suoi** cani ...
- — i **nostri** amici ...
- — i **vostri** quaderni ...
- — i **loro** maestri ...

singolare femminile
- — la **mia** penna è nera
- — **tua** madre è giovane
- — **sua** cugina è partita
- — **nostra** zia è severa
- — la **vostra** casa è bella
- — la **loro** aula è grande

plurale femminile
- — le **mie** compagne ...
- — le **tue** insegnanti ...
- — le **sue** allieve ...
- — le **nostre** mani ...
- — le **vostre** amiche ...
- — le **loro** aule ...

Altri aggettivi **possessivi** sono:

Proprio (-i, -a, -e). E' di *terza persona* e si riferisce sempre al *soggetto.*

— Si usa tavolta al posto di: **Suo - Loro**

ESEMPIO: Egli scontò la **propria** colpa

— Si usa quando il soggetto è *indefinito*

ESEMPI: — Ognuno faccia il **proprio** dovere
— Ciascuno ama la **propria** casa

— Si deve sempre usare nelle frasi *impersonali*

ESEMPI: — Bisogna confessare le **proprie** colpe
— E' difficile riconoscere i **propri** difetti

Altrui - E' di *terza persona* ed è invariabile nel genere e nel numero.

ESEMPI: — Non desiderare le **altrui** ricchezze
— Riconosci gli **altrui** meriti
— E' nobile lottare per l'**altrui** bene

Aggettivi dimostrativi (o indicativi)

Gli aggettivi dimostrativi servono ad indicare una relazione di *vicinanza* o di *lontananza* rispetto a chi parla od ascolta, oppure una relazione di *identità.*

Essi sono:

Questo (-i, -a, -e). (Indica cosa *vicina a chi parla*).

ESEMPI: — **Questo** libro è bello
— **Questi** fiori sono tuoi
— **Questa** casa è piccola
— **Queste** carte sono utili

Codesto (-i, -a, -e). (Indica cosa *vicina a chi ascolta*).

ESEMPI: — **Codesto** paese è brutto
— **Codesta** città è fredda

Quello (-i, -a, -e). (Indica cosa *lontana da chi parla e da chi ascolta*).

ESEMPI: — Dammi **quello** zaino
— Prendi **quel** libro
— **Quei** libri sono miei
— **Quella** casa è umida
— **Quelle** bambine sono belle

Stesso - Medesimo. (Indicano **identità, somiglianza**).

ESEMPI: — Leggiamo lo **stesso** libro
— Viviamo nella **stessa** casa
— Abbiamo le **medesime** idee
(*medesimo* è meno usato)

Stesso è anche usato come rafforzativo del pronome personale. (Per dire: « *proprio lui* », « *lui in persona* »).

ESEMPI: — Me lo disse lui **stesso**
— Tu **stesso** hai detto...

Tale - Simile - Cotale - Siffatto - Si usano per dire: « *di questo genere* ».

ESEMPI: — **Tali** gioie non si scordano
— Speriamo che un **simile** disastro non si ripeta
(**cotale** e **siffatto** *non si usano quasi più perché antiquati*)

Osservazioni - Gli aggettivi:

Questo - Quello (*variano* nel *genere* e nel *numero* secondo le regole indicate per l'aggettivo qualificativo).

Possono indicare **lontananza** o **vicinanza** anche nel *tempo.*

ESEMPI: — **Quest'**anno vado al mare (*vicino nel tempo*)
— **Quell'**anno fu molto triste (*lontano nel tempo*)

Tale (ha una sola forma per il maschile e femminile singolare ed una per il maschile e femminile plurale). Si trova talvolta in correlazione con « quale » in un'idea di raffronto.

ESEMPIO: — **Quale** la madre, **tale** la figlia

Aggettivi indefiniti

Si chiamano aggettivi *indefiniti* perché *indicano in modo* **indefinito**, cioè non preciso, *la quantità, e la qualità delle persone o delle cose di cui parliamo.*

Sono aggettivi *indefiniti* per quantità:

Alcuno - alquanto - altrettanto - ciascuno - molto - moltissimo - nessuno - poco - pochissimo - troppo - parecchio - ogni - qualche - taluno - tanto - tutto.

ESEMPI: — **Alcuni** ragazzi
— **Altrettante** ragazze
— **Ciascun** uomo
— **Molto** denaro
— **Nessuna** donna
— **Poco** pane
— **Troppo** sole
— **Ogni** uomo deve
— **Qualche** libro
— **Taluni** scrittori...
— C'è **tanto** spazio

Sono aggettivi *indefiniti* per qualità:

Altro - certo - qualsiasi - qualunque - qualsivoglia - tale.

ESEMPI: — Voglio un **altro** libro, non questo
— Un **certo** scrittore disse...
— **Qualsiasi** cosa va bene
— **Qualunque** bambino...
— **Qualsivoglia** autore...
— Un **tale** scrittore merita...

Attenzione!

Non bisogna dimenticare che: *ogni, qualche, qualunque, qualsiasi, qualsivoglia,* vengono usati **soltanto come aggettivi** e **mai come pronomi.**

Aggettivi interrogativi ed esclamativi

Si dicono *interrogativi* quando *introducono uno* **domanda.**

Si dicono *esclamativi* quando *introducono un'***esclamazione.**

Si distinguono facilmente dal senso della frase.

Gli aggettivi **interrogativi** ed **esclamativi** sono:

Che? - Quale? - Quanto?

Che! - Quale! - Quanto!

Interrogativi

ESEMPI: **Che** libro hai comperato?
Quale giornale leggi?
Quanto tempo hai atteso?

Esclamativi

ESEMPI: **Che** gioia vederti!
Quale delusione!
Quanto dolore ho provato!

Osservazione

Per non confonderli con i *pronomi* bisogna ricordare che gli **aggettivi sono sempre uniti ad un nome.**

ESEMPI - *Se diciamo*:

Che dolce è questo?	(che: è **aggettivo**)
Che farai stasera?	(che: è **pronome**)
Quale libro leggi?	(quale: è **aggettivo**)
Quale preferisci?	(quale: è **pronome**)
Quanto denaro hai speso?	(quanto: è **aggettivo**)
Quanto hai speso?	(quanto: è **pronome**)

Aggettivi numerali

Si chiamano aggettivi *numerali* perché *indicano il* **numero** ossia la quantità esatta delle persone, degli animali o delle cose di cui parliamo.

ESEMPI: **due** donne - **quattro** cavalli - **sette** fiori

Oppure *indicano l'***ordine di successione** di più persone, animali o cose.

ESEMPI: la **prima** pagina - il **terzo** cavallo - il **settimo** libro

Gli aggettivi *numerali* possono essere:

Cardinali - Ordinali - Moltiplicativi

Frazionari - Collettivi - Distributivi

Cardinali (si chiamano cardinali perché *sono il « cardine »*, ossia il fondamento di tutti gli altri).

ESEMPI - *Si scrivono in cifre arabe*:

1	uno (*femm.* una)	7	sette
2	due	8	otto
3	tre	9	nove
4	quattro	10	dieci
5	cinque	11	undici
6	sei	1000	mille (*plur.* mila)

Ordinali (indicano l'*ordine,* il posto che le persone o le cose occupano in una serie).

ESEMPI - *Si indicano con le cifre romane*:

I	primo	X	decimo
II	secondo	XI	undecimo
III	terzo	XII	dodicesimo
IV	quarto	XX	ventesimo
V	quinto	XXI	ventunesimo (*)
VI	sesto	XL	quarantesimo
VII	settimo	L	cinquantesimo
VIII	ottavo	C	centesimo
IX	nono	M	millesimo

Moltiplicativi

ESEMPI: doppio - triplo - quadruplo - quintuplo, *ecc.*
duplice - triplice, *ecc.*
(Generalmente si usano soltanto: *doppio, triplo, duplice, triplice*).

Frazionari (sono formati da un numero cardinale e da un numero ordinale).

ESEMPI: due terzi - tre quarti - sette ottavi - quattro decimi - un centesimo - un millesimo, *ecc.*

(*) Oppure: *ventesimo primo* ecc. (questa forma si usa generalmente per indicare la successione dei papi, dei re, ecc.).

Collettivi (*indicano un insieme* di persone o di cose). *Si usano come sostantivi.*

ESEMPI: paio - coppia - decina - dozzina - centinaio - migliaio, *ecc.* ambo - terno - quaterna - novena - bimestre - trimestre - biennio - terzina, *ecc.*

Distributivi (indicano *il modo in cui sono distribuite* più persone, o animali, o cose). Si esprimono in varie forme.

ESEMPI: a due a due - tre per volta - tre per tre - due per ciascuno - ogni quattro - a uno a uno - uno alla volta - *ecc.*

TAVOLA RIASSUNTIVA DELL'AGGETTIVO

QUALIFICATIVO	di grado	**Positivo**		(*bello*)
		Comparativo	di maggioranza	(*più bello di...*)
			di minoranza	(*meno bello di...*)
			di uguaglianza	(*bello come...*)
		Superlativo	relativo	(*il più bello*)
			assoluto	(*bellissimo*)
DETERMINATIVO		**Possessivo**		(*mio, tuo, suo*, ecc.)
		Dimostrativo		(*questo, codesto, quello*)
		Indefinito		(*poco, molto, ogni*, ecc.)
		Interrogativo		(*che?, quale?*, ecc.)
		Esclamativo		(*che!, quale!*, ecc.)
		Numerale	cardinale	(*uno, due, tre, cento*, ecc.)
			ordinale	(*primo, secondo, terzo*, ecc.).
			moltiplicativo	(*doppio, triplo*, ecc.)
			collettivo	(*paio, coppia, dozzina*, ecc.)
			frazionario	(*due terzi, tre quarti*, ecc.)
			distributivo	(*a due a due*, ecc.)

Tavola delle cifre arabiche e dei numeri cardinali - ordinali e romani

CIFRE ARABICHE	NUMERI CARDINALI	NUMERI ROMANI	NUMERI ORDINALI
1	uno (un) una	I	primo
2	due	II	secondo
3	tre	III	terzo
4	quattro	IV	quarto
5	cinque	V	quinto
6	sei	VI	sesto
7	sette	VII	settimo
8	otto	VIII	ottavo
9	nove	IX	nono
1[illegible]	dieci	X	decimo
1[illegible]	undici	XI	undecimo (undicesimo, decimoprimo)
12	dodici	XII	dodicesimo (decimosecondo)
1[illegible]	tredici	XIII	tredicesimo (decimoterzo)
1[illegible]	quattordici	XIV	quattordicesimo (decimoquarto)
1[illegible]	quindici	XV	quindicesimo (decimoquinto)
1[illegible]	sedici	XVI	sedicesimo (decimosesto)
1[illegible]	diciassette	XVII	diciassettesimo (decimosettimo)

18	diciotto	XVIII	diciottesimo (decimottavo)
19	diciannove	XIX	diciannovesimo (decimonono)
20	venti	XX	ventesimo
21	ventuno	XXI	ventunesimo (ventesimoprimo)
30	trenta	XXX	trentesimo
40	quaranta	XL	quarantesimo
50	cinquanta	L	cinquantesimo
60	sessanta	LX	sessantesimo
70	settanta	LXX	settantesimo
80	ottanta	LXXX	ottantesimo
90	novanta	XC	novantesimo
91	novantuno	XCI	novantunesimo
99	novantanove	XCIX	novantanovesimo (novantesimonono)
100	cento	C	centesimo
101	centouno	CI	centunesimo (centesimoprimo)
200	duecento	CC	duecentesimo
300	trecento	CCC	trecentesimo
400	quattrocento	CD	quattrocentesimo
500	cinquecento	D	cinquecentesimo
600	seicento	DC	seicentesimo
900	novecento	CM	novecentesimo
1000	mille	M	millesimo

IL PRONOME

Il pronome è quella *parte variabile del discorso che fa le* **veci del nome.** Ossia quella parola che spesso usiamo al posto del nome per evitare sgradevoli ripetizioni.

ESEMPIO:

anziché dire: — Aldo studia tutte le sere. Aldo sarà promosso.

diremo: — Aldo studia tutte le sere. **Egli** sarà promosso.

(*La parola* **« egli »** *sostituisce il nome* **« Aldo »** *perciò è un pronome*)

Alcuni pronomi fanno le veci di un *nome di persona,* altri di un *nome di cosa,* altri ancora possono fare le veci tanto di un *nome di persona,* quanto di un *nome di cosa.*

I **pronomi** possono essere:

Personali	**- Possessivi**	**- Dimostrativi**
Relativi	**- Indefiniti**	**- Interrogativi**

Pronomi personali

I *pronomi personali* si distinguono in:

Pronomi di 1ª persona (quando indicano la persona che parla).

ESEMPIO: **Io** parto domani

Pronomi di 2ª persona (quando indicano la persona alla quale si parla).

ESEMPIO: **Tu** parli troppo

Pronomi di 3ª persona (quando indicano la persona della quale si parla).

ESEMPIO: **Egli** studia poco

I **pronomi personali** sono:

Pronomi di 1ª persona	*sing.* :	io - me - mi
	plur. :	noi - ce - ci
Pronomi di 2ª persona	*sing.* :	tu - te - ti
	plur. :	voi - ve - vi
Pronomi di 3ª persona	*sing.*	egli - esso - lo - gli lui - ne - se - si
		ella - essa - lei la - se - si
	plur.	essi - esse - loro li - ne - se - si

COME SI USANO I PRONOMI PERSONALI

Alcune forme dei *pronomi personali* si usano come **soggetto,** altre come **complemento** (*).

Si usano come **SOGGETTO:**

io - tu - egli - ella - esso
essa - noi - voi - essi - esse

ESEMPI: **Io** studio - **Tu** leggi - **Egli** (*ella*) parte - **Noi** corriamo - **Voi** mangiate - **Essi** (*esse*) studiano.

NOTA: Le forme di terza persona: **egli, ella** si adoperano *soltanto* riferendosi a *persona.* Le forme: **esso, essa,** si possono riferire tanto a *persona* che ad *animale* o *cosa.*

Si usano come **COMPLEMENTO:**

me - mi - te - ti - lui - lo - gli - le

noi - ce - ci - voi - ve - vi - loro - li

ESEMPI: Egli vuole **me,** non *te* - Il preside **mi** premiò - Parlami di **lui** - Il maestro **lo** punì - **Gli** voglio bene - Parla con **noi** - Rido di **voi** - **Vi** dirò la verità - Dirò **loro** la verità

I pronomi: **noi - voi - loro - esso - essa - essi - esse** possono essere usati sia come *soggetto* che come *complemento*).

ESEMPI: **Noi** studiamo (noi: *soggetto*)
Il preside ha premiato **noi** (noi: *complemento*)

(*) V. a pag. 238 cos'è il **soggetto.**
V. a pagg. 242-245 cos'è il **complemento.**

Particelle pronominali

Le forme: **mi - ti - ci - vi - lo - gli - la - le** si chiamano comunemente *particelle pronominali.*

SINGOLARE		PLURALE	
mi	= me, a me	**ci**	= noi, a noi
ti	= te, a te	**vi**	= voi, a voi
lo	= lui	**li**	= loro (*masch.*)
gli	= a lui	**le**	= loro (*femm.*)
la	= lei		
le	= a lei		

a) Generalmente *precedono* il *verbo.*

ESEMPI: **Mi** ricorderai? - **Ti** scriverò - **Ci** sentiremo

b) Quando *seguono* il verbo (imperativo, gerundio, infinito) formano con esso una sola parola.

ESEMPI: Scrivi**mi** - Osservando**lo** capii... - Verrò a saluta**rti**

1. Le particelle **mi - ti - ci - vi** - davanti a: *lo, li, la, le, ne,* cambiano la *i* in *e* e diventano: **me - te - ce - ve.**

ESEMPI: **Me lo** disse Aldo - **Te lo** scriveremo - **Ve la** porteremo - **Ce li** diede - **Ce ne** andremo - **Ve ne** saremo grati

2. La particella **gli,** davanti a *lo, la, li, le, ne,* diventa **glie** e forma una parola sola.

ESEMPI: **Glielo** ricorderò - **Gliela** daremo - **Glieli** restituiremo - **Gliele** procureremo - **Gliene** saremo grati

3. La particella: **ne** (può riferirsi non solo a persone ma anche a cose), *si usa in luogo* delle forme: *di lui - di lei - di loro - da lui - da lei - da loro - di ciò - da ciò.*

Esempi:
— Conosco tuo padre e **ne** (= *di lui*) ammiro l'onestà
— Io **ne** parlerò (**ne** = *di lui, di lei, di loro, di ciò*)
— **Ne** starò lontano (**ne** = *da lui, da lei, da loro, da ciò*)
— Voglio riavere il mio denaro perchè **ne** (= *di esso*) ho assoluto bisogno
— Ho avuto molte gioie e **ne** (= *di esse*) serberò dolce ricordo

ACCOPPIAMENTI DI PRONOMI

me lo - me la - me li - me le
te lo - te la - te li - te le
ce lo - ce la - ce li - ce le
ve lo - ve la - ve li - ve le
me ne - te ne - ve ne - ce ne - se ne
glielo - gliela - glieli - gliele - gliene

Esempi:

Egli **me lo** concesse	*ossia*:	Egli concesse **ciò a me**
Puoi dar**melo**?	*ossia*:	Puoi dare **ciò a me?**
Te lo regalo	*ossia*:	Regalo **ciò a te**
Ce lo puoi dare?	*ossia*:	Puoi dare **ciò a noi?**
Ve lo chiedo	*ossia*:	Chiedo **ciò a voi**
Glielo dissi	*ossia*:	Dissi **ciò a lui**
Bisogna dir**glielo**	*ossia*:	Bisogna dire **ciò a lui**
Gliene saremo grati	*ossia*:	A lui saremo grati **di ciò**
Me ne ricorderò	*ossia*:	Mi ricorderò **di ciò**
Te ne pentirai	*ossia*:	Ti pentirai **di ciò**
Ve ne saremo grati	*ossia*:	A voi saremo grati **di ciò**
Dio **ce ne** liberi	*ossia*:	Dio ci liberi... **da lui, da lei, da loro, da ciò**

Pronome riflessivo

Sè, con accento (forma *tonica*)
Si, senza accento (forma *atona*)

Si usa come **complemento.** Si chiama *riflessivo* perché fa in modo che l'azione espressa dal verbo si *rifletta sul soggetto.* (**Non varia** nè per **genere** nè per **numero**).

— La forma: **si** è quella più comunemente usata.

ESEMPIO: Olga **si** diverte

a) Quando precede: **lo, la, li, le,** si muta in: **se**.

ESEMPIO: Non **se** lo fece ripetere

b) Quando è unita ad un *imperativo,* un *infinito,* un *participio,* un *gerundio,* forma con esso un'unica parola.

ESEMPI: Bisogna lavar**si** - Visto**si** scoperto... - Incamminando**si**...

— La forma: **sè** si usa quando si vuol mettere in particolare rilievo il pronome.

ESEMPI: Egli fa tutto da **sè** - Vuole tutto per **sè**

Quando **sè** è unito a « stesso » o « medesimo » perde l'accento.

ESEMPIO: Egli pensa soltanto a **se stesso**

Osservazioni

Dopo gli imperativi: **dà - di - fa - sta - va,** la consonante iniziale del pronome si raddoppia.

ESEMPI: **dammi** - **dimmi** - **dille** - **dacci** - **fammi** - *ecc.*

Quando le particelle: **me - te - sè**, sono unite alla preposizione **« con »**,

anziché dire:	con me	*possiamo dire*:	meco
	con te		teco
	con sè		seco

(*ma queste forme, in prosa, sono poco usate*)

Attenzione a non confondere i pronomi:
lo - la - gli - le, con gli articoli: **lo, la, gli, le.**

Bisogna ricordare:

1) Sono **pronomi** quando accompagnano **un verbo**.

Esempi: la chiamo - gli diedi

2) Sono **articoli** quando accompagnano **un nome.**

Esempi: la zia - gli scolari

ATTENZIONE

non si dice:	*ma si deve dire*:
— Trovai Aldo e **le** dissi... (*perchè* « **le** » *vuol dire*: **a lei**)	— Trovai Aldo e **gli** dissi... (*perchè* **gli** *vuol dire*: **a lui**)
— Andai da Anna e **ci** raccontai (*perchè* « **ci** » *vuol dire*: **a noi**)	— Andai da Anna e **le** raccontai (*perchè* **le** *vuol dire*: **a lei**)
— Lo fai **te** questo lavoro? (*perchè* « **te** » *ha funzioni di complemento*)	— Lo fai **tu** questo lavoro? (*perchè* **tu** *ha funzioni di soggetto*)
— Mio padre fa tutto da **lui** (*perchè la frase ha forma riflessiva*)	— Mio padre fa tutto da **sè** (*la forma riflessiva vuole la particella pronominale*: **sè**)
— Fortunato **tu**! (*perchè è un'esclamazione*)	— Fortunato **te**!

Pronomi possessivi

I *pronomi possessivi* hanno le stesse forme degli **aggettivi possessivi.**

Maschile		Femminile	
sing.	*plur.*	*sing.*	*plur.*
mio	miei	mia	mie
tuo	tuoi	tua	tue
suo	suoi	sua	sue
nostro	nostri	nostra	nostre
vostro	vostri	vostra	vostre
loro	loro	loro	loro
proprio	propri	propria	proprie
altrui (*invariabile*)			

Per non confondere i *pronomi possessivi* con gli *aggettivi possessivi* bisogna ricordare: che gli *aggettivi* **accompagnano il nome,** mentre i *pronomi* **fanno le veci del nome.**

Esempio: Prestami la **tua** penna: ho perso la **mia** (**tua** è *aggettivo,* perchè è accompagnato dal **nome** penna - **mia** è *pronome* perchè fa le **veci del nome** penna).

Altri esempi:

Sono aggettivi:

Ho venduto il **mio** libro
Voi amate la **vostra** casa
Il **tuo** cane è bello
Suo zio è partito
Preferisco il **mio** quadro
La **loro** salute è ottima

Sono pronomi:

Questo libro è **mio**
... noi amiamo la **nostra**
Anche il **mio** è bello
Quei libri sono **suoi**
... e non desidero il **vostro**
... la **nostra** è piuttosto cagionevole

Pronomi dimostrativi

I *pronomi dimostrativi* **fanno le veci** di un **nome** di persona, di animale, di cosa di cui si parla, indicandola con precisione. (Perciò si chiamano anche: **indicativi**).

Veri pronomi **dimostrativi** sono:

questi - quegli - costui - costei
costoro - colui - colei - coloro
che fanno le veci soltanto di un *nome di persona.*

ciò (indeclinabile)
che fa le veci di un *nome di cosa.*

ne - ci - lo
(particelle pronominali)

Pronomi dimostrativi diventano anche gli *aggettivi dimostrativi,* quando anzichè accompagnare un nome ne **fanno le veci.**

questo - codesto - quello
questa - codesta - quella
(e relativi plurali)
possono fare le veci di un nome di *persona,* di *animale,* di *cosa.*

stesso - medesimo
indicano identità.

COME SI USANO I PRONOMI DIMOSTRATIVI

Questi - quegli (sono usati solo come soggetto). Non hanno plurale.

Esempio: — Aldo e Paolo sono fratelli: **quegli** (*Aldo*) è buono, **questi** (*Paolo*) è cattivo.

Costui - costei - costoro (spesso sono usati in senso spregiativo. Talvolta possono avere un senso di lode).

Esempi: — **Costui** è malvagio
— **Costei** è perfida
— Nulla avremmo fatto senza l'aiuto di **costoro**

Ciò (significa: *questa cosa, quella cosa*). E' invariabile.

Esempi: — **Ciò** non mi piace
— Fa **ciò** che vuoi
— Con **ciò** il lavoro è finito

Talvolta è sostituito dalle particelle: **ne - ci - lo** che in tale caso acquistano valore di *pronomi dimostrativi.*

Ci (*ossia*: **a ciò**).

Esempi: — **Ci** penso io (*penso io* **a ciò**)
— È partita? Non **ci** posso credere (*non posso credere* **a ciò**)

Ne (*ossia*: **di ciò**).

Esempi: — Che **ne** pensi? (*che pensi* **di ciò**?)
— Perchè parti? Non **ne** vedo il motivo (*non vedo il motivo* **di ciò**)

Lo (usato come complemento oggetto o come predicato).

Esempi: — Non **lo** so (*non so* **ciò**)
— Ada è buona. Io non **lo** sono (*non sono* **ciò**)

Questo - codesto - quello (*con il femminile e il plurale*) sostituiscono il nome di persona o di cosa e indicano se è vicina o lontana da chi parla, da chi ascolta o da tutti e due.

ESEMPI: — **Questo** è un uomo giusto (persona *vicina a chi parla*)
— **Codesto** è un magnifico paese (cosa *lontana da chi parla* e *vicina a chi ascolta*)
— **Quello** è un lago stupendo (cosa *lontana* sia *da chi parla* che *da chi ascolta*)

Stesso - medesimo (indicano identità).

ESEMPI: — Il maestro è lo **stesso** dell'anno scorso
— Quell'abito è il **medesimo** di due anni fa

*
* *

Per non confondere i *pronomi dimostrativi* con gli *aggettivi dimostrativi* bisogna ricordare che:

Sono **aggettivi** quando *accompagnano* il nome.

Sono **pronomi** quando *fanno le veci* del nome.

ESEMPI - *Sono aggettivi*:

— **Questo** libro è bello
— **Quello** zaino è tuo
— Abbiamo lo **stesso** dizionario
— Abbiamo il **medesimo** abito di ieri (*perché accompagnano i nomi*: libro, zaino, dizionario e abito)

Sono pronomi:

— Quale libro preferisci? **Questo** o **quello**?
— Quei quadri sono gli **stessi** dell'anno scorso
— Il medesimo abito? No, non è il **medesimo** (*perchè fanno le veci dei nomi*: libro, quadri, abito)

Pronomi relativi (o congiuntivi)

Si chiamano *pronomi relativi* (o *congiuntivi*) quei pronomi che fanno le veci di un nome, o di un altro pronome, e mettono in relazione, ossia **congiungono, due proposizioni.** (Si riferiscono sempre ad un *nome* espresso nella proposizione che precede).

ESEMPIO: — La professoressa **che** hai visto è mia sorella.

In questo breve periodo vi sono **due proposizioni:**

1) La professoressa è mia sorella
2) **che** hai visto

Il pronome **che** fa le veci del nome « professoressa » e nel contempo mette in relazione, ossia congiunge, le due proposizioni.

I *pronomi relativi* (o *congiuntivi*) sono:

che - cui - chi
il quale - la quale - i quali - le quali

COME SI USANO I PRONOMI RELATIVI

Il quale - la quale - i quali - le quali si riferiscono tanto a *persona* che a *cosa* e si usano come **soggetto** e come **complemento.** (*)

*
* *

Che (invariabile), può riferirsi ad un nome o ad un pronome, sia maschile che femminile, sia singolare che plurale.

a) Serve a sostituire: **il quale - la quale - i quali le quali.**

ESEMPI: — Il ragazzo **che** legge impara a scrivere. (**che** = *il quale*)
— La ragazza **che** studia sarà promossa. (**che** = *la quale*)
— I ragazzi **che** leggono imparano a scrivere. (**che** = *i quali*)
— le ragazze **che** studiano saranno promosse. (**che** = *le quali*)

b) Può essere: **soggetto** o **complemento.**

ESEMPI: — Il ragazzo **che** studia attentamente, imparerà. (**che:** *soggetto*)
— Il libro **che** stai leggendo è molto bello. (**che:** *complemento oggetto*)

Attenzione!

Non confondere il « *che* » pronome relativo, con il « *che* » pronome interrogativo, od aggettivo, o congiunzione. Il *che* è *pronome relativo solo* quando è usato

(*) Vedere cos'è il *soggetto* e il *complemento* a pagg. 238-245.

al posto delle forme: *il quale, la quale, i quali, le quali.* (Se non può essere sostituito da una di queste forme, *non è pronome relativo*).

Esempi: — Il signore **che** (*il quale*) abita vicino a me è ricco. (**che:** *pronome relativo*)

— **Che** hai pensato? (**che:** *pronome interrogativo*)

— **Che** libro leggi? (**che:** *aggettivo interrogativo*)

— **Che** fiori stupendi! (**che:** *aggettivo esclamativo*)

— Io penso **che** tu studierai. (**che:** *congiunzione*)

*
* *

Chi (è invariabile); maschile o femminile, soltanto singolare.

a) Si usa con riferimento alle sole *persone* e vuol dire: **colui il quale... colei la quale...** Sostituisce quindi due pronomi: il *dimostrativo* **colui** e il *relativo* **il quale.**

b) Vuole anche dire: **coloro che...**

Esempi: — Andrai da **chi** ti aiuterà. (= *andrai da colui il quale...*)

— Non protestate ragazze. Il premio fu dato a **chi** lo meritò (**chi** = *a colei la quale*)

— **Chi** vivrà vedrà (= *colui che vivrà vedrà*)

— **Chi** studia sarà promosso.

— Ascolta i consigli di **chi** ti ama.

— Non credere a **chi** ti promette troppe cose.

— Non ti fidare di **chi** ti esalta.

Attenzione!

Non confondere il **chi**, *pronome relativo,* con il chi pronome interrogativo o indefinito correlativo.

ESEMPI: — **Chi** (= *colui che*) la fa l'aspetti).
(**Chi:** *pronome relativo*)
— **Chi** (= *quale persona*) ti ha dato quel libro?
(**Chi:** *pronome interrogativo*)
— **Chi** (= *qualcuno*) parte e **chi** (= *qualcuno*) arriva.
(**Chi:** *pronome indefinito correlativo*)

*
* *

Talvolta gli *avverbi* **dove - ove - onde - donde** vengono usati come *pronomi relativi.*

ESEMPI: — La città *dove* nacqui.
(= *la città in cui nacqui*)
— La casa *dove* abiti.
(= *la casa nella quale abiti*)
— La città *donde* vieni.
(= *la città dalla quale vieni*)

*
* *

Quanto diventa pronome relativo quando significa: **tutto ciò che.**

— Devi fare *quanto* ti dico.
(= *devi fare tutto ciò che ti dico*)

*
* *

Cui (è invariabile); serve per il maschile, per il femminile, per il singolare, per il plurale.

— Si riferisce a *persona* o *cosa* e si usa solo come **complemento.**

— E' preceduto da una *preposizione* (**a** cui... **di** cui... **per** cui... **con** cui...).

— O è retto dall'articolo determinativo (**il** cui... **i** cui... **la** cui... **le** cui...).

ESEMPI: — La ragazza **a cui** (= *alla quale*) scrivo è una mia compagna.
— Il ragazzo **di cui** (= *del quale*) parlo è un mio amico.
— La bimba **con cui** (= *con la quale*) parlai è intelligente.
— La ragione **per cui** (= *per la quale*) mi batto è nobile.
— Il paese **da cui** (= *dal quale*) scrivo è stupendo.
— La donna **da cui** (= *dalla quale*) sei stato chiamato è mia sorella.
— Nel paese **in cui** (= *nel quale*) viviamo c'è tanta miseria.
— Ada, **sul cui** aiuto (= *sull'aiuto della quale*) contavo, è partita.
— Orazio, **le cui** odi (= *le odi del quale*) sono stupende, fu un grande poeta.
— Beati i maestri **i cui** scolari (= *gli scolari dei quali*) sono intelligenti.
— Rosy, **la cui** bontà (= *la bontà della quale*) è a tutti nota sarà premiata.

Pronomi interrogativi (ed esclamativi)

Si chiamano *interrogativi* i pronomi che si usano nelle interrogazioni.

Fanno le veci dei nomi di **persona** e di **cosa.**

I pronomi *interrogativi* sono:

Chi? - Che? - (Che cosa?)
Quale? - Quanto?

Chi? - Si usa per le *persone.* Significa: **quale persona?**

ESEMPI: — **Chi** è entrato? (= *quale persona è entrata?*)
— **Chi** hai visto? (= *quale persona hai visto?*)

Che? - Si usa nel significato neutro di: **che cosa?**

Che cosa? - Talvolta si abbrevia in: **cosa?**

ESEMPI: — **Che** farai domani? (= *che cosa farai domani?*)
— **Che** vuoi? (= *che cosa vuoi?*)
— **Che cosa** hai detto?
— **Cosa** hai detto?
— **Cos'è** successo? (= *che cosa è successo?*)

Quale? - Si usa per le *persone* e per le *cose.*

ESEMPI: — Ecco due fiori. **Quale** scegli?
— Chiama uno dei miei alunni. — **Quale?**

Quanto? - Si usa per le *persone* e per le *cose* e varia nel **genere** e nel **numero.**

ESEMPI: — **Quanti** (= *quante persone*) sono venuti?
— **Quanto** hai speso?
— Ho comprato molte mele. — **Quante?**

I pronomi: **quale - chi - che - quando** usati in frasi *esclamative* (!) si chiamano: pronomi **esclamativi.**

ESEMPI: — **Quale** fu la mia sorpresa!
— **Chi** si vede!
— **Che** dici mai!
— **Quanti** soffrono più di noi!

Attenzione!

Non confondere i *pronomi interrogativi* ed *esclamativi* con gli *aggettivi interrogativi* ed *esclamativi.*

Sono **aggettivi:** quando *accompagnano* un nome.

Sono **pronomi:** quando stanno da soli e *fanno le veci del nome.*

ESEMPI

sono *aggettivi*	sono *pronomi*
Che dolce vuoi?	**Che** vuoi?
Quale libro scegli?	**Quale** preferisci?
Quanti bambini soffrono!	**Quanti** soffrono!
Quanto denaro vuoi?	**Quanto** hai speso?

N.B. - **Chi** è soltanto **pronome.**

*
* *

Per non commettere errori nel riconoscere i pronomi interrogativi, bisogna ricordare che le interrogazioni possono essere **dirette** ed **indirette.** (Quando sono indirette *non* terminano col punto interrogativo).

ESEMPI

interrogazioni dirette	*interrogazioni indirette*
— **Che** fai?	— Vorrei sapere **che** fai.
— **Chi** è entrato?	— Mi domando **chi** può essere entrato.
— **Quanto** hai speso?	— Sto chiedendoti **quanto** hai speso.

Pronomi indefiniti

Diventano *pronomi indefiniti* la maggior parte degli aggettivi indefiniti quando, invece di *accompagnare un nome,* ne **fanno le veci.**

ESEMPI

aggettivo	*pronome*
— **Alcuni** libri sono scritti **molto male.** (**alcuni** è aggettivo perché *accompagna* il *nome*: libri)	— Ho molti libri. **Alcuni** sono belli, **altri** no. (**alcuni** e **altri,** sono promi perché *fanno le veci* del *nome*: libri)

I pronomi *indefiniti* (come gli aggettivi indefiniti) ***indicano in modo*** vago, impreciso, ***indefinito*** la quantità e la qualità delle persone, degli animali e delle cose di cui si parla.

I *pronomi indefiniti* sono:

Uno (= un tale).

Uno - gli **Uni** (in relazione con **l'altro** - gli **altri**).

ESEMPI: — E' venuto **uno** a cercarti.
— **Uno** soffre, l'**altro** gode.
— **Gli uni** sono buoni, **gli altri** cattivi.

Qualcuno (-a) - **Ciascuno** (-a) - **Ognuno** (-a) - **Nessuno** (-a) (non hanno il plurale).

ESEMPI: — Daremo a **ciascuno** il suo.
— **Qualcuno** grida.
— **Ognuno** stia al suo posto.
— **Nessuno** vuole studiare.

Alcuno (-a, -i, -e) - **Taluno** (-a, -i, -e) - **Certuno** (-a, -i, -e) (si usa per lo più al plurale).

Esempi: — **Alcuni** non studiano.
— **Taluni** non riflettono.
— **Certuni** parlano a sproposito.

Chiunque - **Chicchessia** (sono *invariabili* e si riferiscono solo a *persone*).

Esempi: — La porta è aperta a **chiunque** (= *a qualunque persona*).
— Tu litighi con **chicchessia.**

Niente - **Nulla** - **Qualcosa** (sono *invariabili* e si riferiscono solo a *cose*).

Esempi: — **Niente** mi spaventa (= *nessuna cosa mi spaventa*)
— Non gli darò **nulla**
— Desidero **qualcosa** (= *qualche cosa*) di meglio

Tutto - **Poco** - **Molto** - **Troppo** - **Parecchio** - **Tanto** - **Altrettanto** - **Alquanto** (sono *variabili* nel genere e nel numero. Al *singolare* si riferiscono soltanto a *cose*).

Esempi:

— Ho venduto **tutto** (= *ho venduto ogni cosa*)
— **Tutti** mi amano (= *ogni persona mi ama*)
— **Molti** furono promossi (= *molte persone*)
— Tu chiedi **troppo** (= *troppe cose*)
— **Troppi** non studiano (= *troppe persone non studiano*)
— Ho perduto **parecchio** (= *parecchie cose*)
— Eravamo **parecchi** (= *parecchie persone*)
— Siamo **pochi** (= *poche persone*)
— Noi studieremo. **Altrettanto** farete voi.

Altro - Altri - Altrui

ESEMPI — Parliamo d'**altro**
— **Uno** studia, l'**altro** no
— L'**uno** e l'**altro**...
— Ad alcuni piace leggere ad **altri** no
— Non fare ad **altri**...
— **Gli uni** studiavano, **gli altri** giocavano
— Non desiderare la roba **altrui** (= *d'altri*)

Osservazioni

NON POSSONO diventare pronomi i seguenti *aggettivi indefiniti*: **ogni - qualche - qualsiasi.**

In loro vece si usano come pronomi: **ognuno - qualcuno - chiunque - chicchessia.**

ESEMPI:

aggettivo	*pronome*
— **Ogni** ragazzo deve fare il compito.	— **Ognuno** deve fare il compito.
— **Qualche** ragazzo è disattento.	— **Qualcuno** è disattento.
— **Qualsiasi** ragazzo saprebbe risolvere questo problema.	— **Chiunque** (o *chicchessia*) saprebbe risolvere questo problema.

Attenzione a non confondere **« uno »**, *pronome,* con **« uno »**, *articolo* od *aggettivo.*

Bisogna ricordare che **« uno »**, in grammatica, può essere:

— *articolo indeterminativo*
ESEMPIO: — Tu sei **un** uomo onesto.

— *aggettivo numerale cardinale*
ESEMPIO: — Ho **un** milione.

— *aggettivo numerale distributivo*
ESEMPIO: — Passate **uno** alla volta.

— *pronome indefinito*
ESEMPIO: — E' venuto **uno** (= *un tale*) a chiedere di te.

TAVOLA RIASSUNTIVA DEI PRONOMI

PERSONALI (sostituiscono un nome di persona)	di **1ª persona**	sing.	*io, me, mi*
		plur.	*noi, ce, ci*
	di **2ª persona**	sing.	*tu, te, ti*
		plur.	*voi, ve, vi*
	di **3ª persona**	sing.	*egli, esso, lo, gli, lui, ne, sè, si, ella, essa, le, lei, la, sè, si*
		plur.	*essi, esse, loro, li, ne, se, si*
POSSESSIVI			*mio, tuo, suo, nostro, vostro, loro*
DIMOSTRATIVI (indicano la persona, l'animale, la cosa di cui si parla)			*questo, codesto, quello, questi, quegli, costui, colui, ciò, stesso, medesimo, tale*
RELATIVI o CONGIUNTIVI (sostituiscono un nome e congiungono due proposizioni)			*il quale, la quale, i quali, che, cui, chi, quanto*
INTERROGATIVI o ESCLAMATIVI (usati nelle interrogazioni o esclamazioni)			*chi?, che?, (che cosa?) quale?, quanto?*
INDEFINITI (non determinano il nome di cui fanno le veci)			*uno, alcuno, qualcuno, ciascuno, ognuno, nessuno, certuno, taluno poco, troppo, tutto, parecchio, molto, tanto, altrettanto, alquanto altro, altri, altrui*

IL VERBO

Verbo vuol dire: *parola.* Ed è la parola più importante: senza il verbo il discorso non reggerebbe. Perciò il **verbo è la parte più importante del discorso.**

Il verbo indica: un'**esistenza,** un'**azione,** uno **stato** o un **modo di essere,** delle persone, degli animali, delle cose.

ESEMPI:	Dio **è** (*ossia:* **esiste**) Io **sono** (*ossia:* **esisto**)	indicano: un'**esistenza**
	Giorgio **scrive** Il gatto **corre**	indicano un'**azione:** *scrivere - correre*
	Noi **viviamo** qui Voi **siete** ammalati	indicano uno **stato,** un **modo di essere**

Il verbo è formato di **due parti:**

a) La prima, *invariabile,* si chiama **tema.**

b) La seconda, *variabile,* si chiama **desinenza.**

ESEMPIO: nel verbo *amare*: **am** è il tema - **are** è la desinenza.

Coniugare un verbo vuol dire: cambiarne per ordine le desinenze.

Il verbo varia secondo il **numero,** la **persona,** il **modo,** il **tempo.**

Il numero del verbo

Il verbo può essere di numero **singolare** o **plurale.**

Esempi:

singolare: io scrivo - tu parli - il cane corre

plurale: noi scriviamo - voi parlate - i cani corrono

Le persone del verbo

Il verbo può essere di **prima, seconda, terza** persona singolare o plurale.

Prima persona: quando *l'azione* espressa dal verbo *è fatta dalla persona che parla.*

Esempio: io scrivo - noi scriviamo.

Seconda persona: quando *l'azione* espressa dal verbo *è fatta dalla persona alla quale si parla.*

Esempio: tu leggi - voi leggete.

Terza persona: quando *l'azione* espressa dal verbo *è fatta dalla persona* o *dalla cosa di cui si parla.*

Esempio: egli parte - essi partono - la neve cade - i venti soffiano

I modi del verbo

I *modi del verbo* sono **sette** e si dividono in:

Modi definiti	**Modi indefiniti**
Indicativo	*Infinito*
Congiuntivo	*Participio*
Condizionale	*Gerundio*
Imperativo	

Si chiamano **definiti** quei modi che hanno una *determinazione di persona e di numero.*

ESEMPIO: io bacio, tu leggi

Si chiamano **indefiniti** quei modi che esprimono un'azione *indeterminata* senza *indicazione di persona e di numero.*

ESEMPIO: baciare, leggere

I MODI DEFINITI

1. **Indicativo** - Indica: Certezza. *Azione certa, reale.*

   ESEMPI: io **scrivo** - tu **leggi** - egli **corre**

   Ha **otto** tempi: *Presente* - *Imperfetto* - *Passato remoto* - *Futuro semplice* - *Passato prossimo* - *Trapassato prossimo* - *Trapassato remoto* - *Futuro anteriore.*

2. **Congiuntivo** - Indica: Dubbio o desiderio. *Azione incerta o possibile.*

   ESEMPI: Non so se egli **sia partito** - Spero che tu **venga**

Ha **quattro** tempi: *Presente* - *Imperfetto* - *Passato* - *Trapassato.*

3. **Condizionale** - Indica: *Azione subordinata* (conseguente) *al verificarsi di una data condizione.*

ESEMPI: **Sarei** contento **se tu fossi qui** - **Partirei** se non **piovesse** - Se tu **avessi** studiato **saresti** stato promosso

Ha **due** tempi: *Presente* - *Passato.*

4. **Imperativo** - Indica: *Comando o preghiera.*

ESEMPI: **Parti** - **Scrivimi** subito - **Fatemi...** questa concessione

Ha **due** tempi: *Presente* - *Futuro.*

I MODI INDEFINITI

1. **Infinito** - Indica: L'*azione* (o lo stato) *senza alcuna determinazione.* Senza riferimento a chi la compie e a quanti la compiono.

ESEMPI: Amare - Partire - Dormire - Lavorare - Studiare

Ha **due** tempi: *Presente* - *Passato.*

2. **Participio** - Partecipa della natura del verbo e dell'aggettivo.

ESEMPI: « Addio monti **sorgenti** »: *verbo* = che sorgete.
Le acque **sorgenti** (*aggettivo*) sono salutari.

Ha **due** tempi: *Presente* - *Passato.*

3. **Gerundio** - Indica: Alcune *modalità dell'azione,* ossia **mezzo, modo, tempo, condizione,** indeterminatamente rispetto alle persone e al numero.

ESEMPI: **Studiando** imparerai (*condizione*)
Andai a scuola **correndo** (*modo*)
Pregando Iddio mi salverò (*mezzo*)
Tornando a casa... (*tempo*)

Ha **due** tempi: *Presente* - *Passato*.

I tempi del verbo

I *tempi principali* del verbo sono *tre*:

Presente - Passato - Futuro

Il tempo **presente** è uno solo: **Io studio**

I tempi **passati** sono cinque:

Imperfetto	**Io studiavo**
Passato prossimo	**Io ho studiato**
Trapassato prossimo	**Io avevo studiato**
Passato remoto	**Io studiai**
Trapassato remoto	**Io ebbi studiato**

I tempi **futuri** sono due:

Futuro semplice	**Io studierò**
Futuro anteriore	**Io avrò studiato**

I *tempi* si suddividono in:

Tempi semplici	**Tempi composti**
Presente	*Passato prossimo*
Imperfetto	*Trapassato prossimo*
Passato remoto	*Trapassato remoto*
Futuro semplice	*Futuro anteriore*

I *tempi semplici* sono formati di *una sola voce.*

ESEMPI: parto - studio - leggo - bacio - dormo

I *tempi composti* sono formati da *due voci*: dal **participio passato** preceduto dalla voce dei verbi ausiliari **essere** o **avere.**

ESEMPI: **Sono partito** (aus. *essere* e *participio passato* del verbo *partire*).
Ho studiato (aus. *avere* e *participio passato* del verbo *studiare*).

TEMPI SEMPLICI

1. **Presente** - Indica: *Azione che avviene nel momento in cui si parla.*

ESEMPI: Io **mangio** - Io **studio** - Io **vedo** il cielo stellato.

Oppure: azione *che si ripete abitualmente.*

ESEMPIO: Dino ogni giorno **studia... legge... va** in ufficio.

2. **Imperfetto** - Indica: *Azione di durata indeterminata che si compiva nel passato.*

ESEMPIO: **Lavorava, leggeva, scriveva.**

Oppure: la *continuità dell'azione* e il *ripetersi dell'*azione *nel passato.*

ESEMPIO: **Andavo** a lavorare tutti i giorni.

Oppure: azione *contemporanea ad altra passata.*

ESEMPIO: Io **partivo** mentre tu **arrivavi.**

3. **Passato remoto** - Indica: *Azione interamente compiuta nel passato* senza alcun legame col presente.

ESEMPI: L'anno scorso **andai** a Parigi.
Leopardi **scrisse** delle stupende poesie.

4. **Futuro semplice** - Indica: *Azione che avverrà;* che dovrà compiersi nel futuro.

ESEMPI: **Lavorerò - Studierò - Leggerò - Andrò** a Venezia.

TEMPI COMPOSTI

1. **Passato prossimo** - Indica: *Azione compiuta in un periodo di tempo passato ma non ancora del tutto trascorso.*

   ESEMPI: Oggi **ho studiato.**
   In questo mese **ho letto** molto.
   Quest'anno **sono andato** al mare.

   Oppure: azione *avvenuta nel passato i cui effetti durano nel presente.*

   ESEMPIO: Dio **ha creato** il mondo (che esiste tuttora).

2. **Trapassato prossimo** - Indica: *Azione compiuta poco prima del sopraggiungere di un'altra, pure passata.*

   ESEMPIO: **Avevo** già sentito il concerto quando **arrivò** mia sorella.

3. **Trapassato remoto** - Indica: *Azione interamente compiuta nel passato, anteriormente a quella indicata col passato remoto.*

   ESEMPIO: Quando **ebbi finito** di studiare **andai** in montagna.

4. **Futuro anteriore** - Indica: *Azione che dovrà compiersi nel futuro prima di un'altra pure futura.*

   ESEMPI: Quando **avrò finito** di studiare *andrò* al mare.
   Io **sarò partito** da un pezzo quando tu *arriverai.*

VERBI TRANSITIVI e INTRANSITIVI

— *transitivo* significa: che transita, che passa;

— *intransitivo* significa: che non transita, che non passa.

I verbi, rispetto all'azione che esprimono, possono essere: **transitivi** o **intransitivi.**

— Si dicono **transitivi** se l'azione che essi esprimono passa direttamente su un oggetto che la riceve.

ESEMPIO: — Ada legge un libro (l'azione di leggere, compiuda dal soggetto « *Ada* » ed espressa dal verbo « *leggere* », passa direttamente sull'oggetto « *libro* », perciò il verbo « *leggere* » è **transitivo.**

— Si dicono **intransitivi** se l'azione che essi esprimono *non* passa su un oggetto, ma rimane in chi la compie.

ESEMPIO: — Ada dorme (l'azione compiuta dal soggetto «*Ada*» ed espressa dal verbo « *dormire* » non passa, non può passare, su un oggetto ma rimane in chi la compie, è tutt'uno col soggetto che la compie. Perciò il verbo « *dormire* » è **intransitivo.**

COME SI DISTINGUONO I VERBI TRANSITIVI DAGLI INTRANSITIVI

Per riuscire a distinguere facilmente i verbi *transitivi* dagli *intransitivi* bisogna vedere se il verbo può essere seguito da un nome che risponda alla domanda: **chi?** o **che cosa?**

ESEMPI: — Io amo ... (*chi?*) ... la mamma.
— Io bevo ... (*che cosa?*) ... il caffè.
— Io prego ... (*chi?*) ... Iddio.
— Io leggo ... (*che cosa?*) ... un libro.

I verbi: *amare, bere, pregare, leggere*, sono dunque **transitivi.**

Se invece diciamo: — Io cammino
— Io dormo
— Io corro
— Io rido

non possiamo chiederci: **chi? che cosa?** Non troveremo mai delle parole che possano rispondere a queste domande. Potremmo soltanto chiederci: **come, quando, dove** camminiamo o dormiamo; **come, quando** e **perché** ridiamo; perciò i verbi: *camminare, dormire, correre, ridere* sono **intransitivi.**

*
* *

Riassumendo:

Il verbo **transitivo** esprime un'*azione la quale passa* (*transita*) dal *soggetto* che la compie all'oggetto che la riceve (complemento oggetto *) e ammette la domanda: **chi?** o **che cosa?**

Il verbo **intransitivo** esprime un'*azione che non passa* (*non transita*) su un oggetto ma **rimane nel soggetto** stesso che la compie.

Può avere soltanto complementi indiretti (**) che rispondono alle domande: **dove?, quando?, come?, perché?**

(*) Vedere cos'è il *complemento oggetto* a pag. 245.
(**) Vedere cosa sono i *complementi indiretti* a pag. 248.

VERBI TRANSITIVI USATI INTRANSITIVAMENTE E VICEVERSA

Alcuni verbi hanno ora valore **transitivo** (e sono perciò seguiti da un complemento oggetto) ora valore **intransitivo** (e in questo caso non sono seguiti da complemento oggetto).

ESEMPI: L'eccessivo calore del sole **arse** (valore **transitivo**) *gli alberi* (complementc oggetto).

La legna **arde** (valore **intransitivo:** l'azione non transita sul complemento oggetto).

Io **ascolto** (in questo caso il verbo **transitivo** « ascoltare » è usato **intransitivamente**). E' come dire: sto in ascolto.

Alcuni verbi **transitivi** diventano **intransitivi** assumendo però un significato diverso.

ESEMPI: Ti **cedo** la mia casa (ossia ti dò la mia casa) - **transitivo.**

Il vento **cede** (ossia, cessa di soffiare) - **intransitivo.**

Alcuni verbi **intransitivi** possono diventare **transitivi** con un complemento oggetto formato con una *parola ricavata dal verbo stesso.*

ESEMPI: **Vivere** una **vita** felice.

Noi **viviamo** una **vita** serena.

VERBI AUSILIARI

Essere e Avere

Ausilio vuol dire: *aiuto.* I verbi **essere** e **avere** si chiamano *verbi ausiliari* appunto perché vengono in aiuto nella formazione, ossia nella coniugazione, degli altri verbi nei **tempi composti.**

Questi verbi hanno una **coniugazione propria** e sono anche ausiliari di sè stessi, perché, con le proprie voci, formano i loro **tempi composti.**

Coniugazione del verbo

ESSERE

TEMPI SEMPLICI	TEMPI COMPOSTI
Modo indicativo	
PRESENTE	PASSATO PROSSIMO
Io sono	Io sono stato
Tu sei	Tu sei stato
Egli è	Egli è stato
Noi siamo	Noi siamo stati
Voi siete	Voi siete stati
Essi sono	Essi sono stati
IMPERFETTO	TRAPASSATO PROSSIMO
Io ero	Io ero stato
Tu eri	Tu eri stato
Egli era	Egli era stato
Noi eravamo	Noi eravamo stati
Voi eravate	Voi eravate stati
Essi erano	Essi erano stati

PASSATO REMOTO	TRAPASSATO REMOTO
Io fui	Io fui stato
Tu fosti	Tu fosti stato
Egli fu	Egli fu stato
Noi fummo	Noi fummo stati
Voi foste	Voi foste stati
Essi furono	Essi furono stati

FUTURO SEMPLICE	FUTURO ANTERIORE
Io sarò	Io sarò stato
Tu sarai	Tu sarai stato
Egli sarà	Egli sarà stato
Noi saremo	Noi saremo stati
Voi sarete	Voi sarete stati
Essi saranno	Essi saranno stati

Modo congiuntivo

PRESENTE	PASSATO
(che) Io sia	(che) Io sia stato
» Tu sia	» Tu sia stato
» Egli sia	» Egli sia stato
» Noi siamo	» Noi siamo stati
» Voi siate	» Voi siate stati
» Essi siano	» Essi siano stati

IMPERFETTO	TRAPASSATO
(che) Io fossi	(che) Io fossi stato
» Tu fossi	» Tu fossi stato
» Egli fosse	» Egli fosse stato
» Noi fossimo	» Noi fossimo stati
» Voi foste	» Voi foste stati
» Essi fossero	» Essi fossero stati

Modo condizionale

PRESENTE	PASSATO
Io sarei	Io sarei stato
Tu saresti	Tu saresti stato
Egli sarebbe	Egli sarebbe stato
Noi saremmo	Noi saremmo stati
Voi sareste	Voi sareste stati
Essi sarebbero	Essi sarebbero stati

Modo imperativo

PRESENTE

. . . . . .
Sii (*tu*)
Sia (*egli*)
Siamo (*noi*)
Siate (*voi*)
Siano (*essi*)

(*l'imperativo non ha tempi composti*)

FUTURO

. . . . . .
Sarai (*tu*)
Sarà (*egli*)
Saremo (*noi*)
Sarete (*voi*)
Saranno (*essi*)

Modo infinito

PRESENTE	PASSATO
Essere	Essere stato

Gerundio

PRESENTE	PASSATO
Essendo	Essendo stato

Participio

PRESENTE	PASSATO
(*non esiste*)	Stato

*
* *

Coniugazione del verbo

AVERE

TEMPI SEMPLICI	TEMPI COMPOSTI

Modo indicativo

PRESENTE	PASSATO PROSSIMO
Io ho	Io ho avuto
Tu hai	Tu hai avuto
Egli ha	Egli ha avuto
Noi abbiamo	Noi abbiamo avuto
Voi avete	Voi avete avuto
Essi hanno	Essi hanno avuto

IMPERFETTO	TRAPASSATO PROSSIMO
Io avevo	Io avevo avuto
Tu avevi	Tu avevi avuto
Egli aveva	Egli aveva avuto
Noi avevamo	Noi avevamo avuto
Voi avevate	Voi avevate avuto
Essi avevano	Essi avevano avuto

PASSATO REMOTO	TRAPASSATO REMOTO
Io ebbi	Io ebbi avuto
Tu avesti	Tu avesti avuto
Egli ebbe	Egli ebbe avuto
Noi avemmo	Noi avemmo avuto
Voi aveste	Voi aveste avuto
Essi ebbero	Essi ebbero avuto

FUTURO SEMPLICE	FUTURO ANTERIORE
Io avrò	Io avrò avuto
Tu avrai	Tu avrai avuto
Egli avrà	Egli avrà avuto
Noi avremo	Noi avremo avuto
Voi avrete	Voi avrete avuto
Essi avranno	Essi avranno avuto

Modo congiuntivo

	PRESENTE		PASSATO
(che)	Io abbia	(che)	Io abbia avuto
»	Tu abbia	»	Tu abbia avuto
»	Egli abbia	»	Egli abbia avuto
»	Noi abbiamo	»	Noi abbiamo avuto
»	Voi abbiate	»	Voi abbiate avuto
»	Essi abbiano	»	Essi abbiano avuto

	IMPERFETTO		TRAPASSATO
(che)	Io avessi	(che)	Io avessi avuto
»	Tu avessi	»	Tu avessi avuto
»	Egli avesse	»	Egli avesse avuto
»	Noi avessimo	»	Noi avessimo avuto
»	Voi aveste	»	Voi aveste avuto
»	Essi avessero	»	Essi avessero avuto

Modo condizionale

PRESENTE	PASSATO
Io avrei	Io avrei avuto
Tu avresti	Tu avresti avuto
Egli avrebbe	Egli avrebbe avuto
Noi avremmo	Noi avremmo avuto
Voi avreste	Voi avreste avuto
Essi avrebbero	Essi avrebbero avuto

Modo imperativo

PRESENTE

. . . . . .
Abbi (*tu*)
Abbia (*egli*)
Abbiamo (*noi*)
Abbiate (*voi*)
Abbiano (*essi*)

(*l'imperativo non ha tempi composti*)

FUTURO

. . . . . .
Avrai (*tu*)
Avrà (*egli*)
Avremo (*noi*)
Avrete (*voi*)
Avranno (*essi*)

Modo infinito

PRESENTE	PASSATO
Avere	Avere avuto

Gerundio

PRESENTE	PASSATO
Avendo	Avendo avuto

Participio

PRESENTE	PASSATO
Avente	Avuto

Come si usano i verbi ausiliari

L'ausiliare **ESSERE** si usa:

a) In tutti i tempi di forma **passiva** dei verbi **transitivi.**

Esempi: **Sono** amato
Siamo stati creduti

b) Con i verbi **impersonali.**

Esempi: **E'** piovuto - Si **è** parlato

c) Coi verbi **riflessivi**, reciproci e pronominali.

Esempi: Vi **siete** pentiti
Mi **sono** lavato

Nei tempi **semplici** dei verbi, nella coniugazione **passiva**, l'ausiliare **essere** può essere sostituito con le voci dei verbi **venire, andare** o, più raramente, **stare.**

Esempi: Egli **venne** amato - I nostri libri sono **andati** perduti - Quelle parole **stanno** scritte sul monumento

L'ausiliare **AVERE** si usa:

a) Coi verbi **transitivi,** di forma **attiva.**

Esempi: **Ho** amato - **Avete** sentito

b) Coi verbi **intransitivi** che indicano moto (quando questo è fine a se stesso).

Esempi: **Ho** corso - **Hanno** volato

c) Coi verbi **intransitivi** che esprimono un'attività del corpo o dello spirito.

Esempi: **Ho** dormito - **Ho** pensato

*

* *

Si usa talvolta l'ausiliare **essere,** talvolta l'ausiliare **avere** coi verbi usati ora **transitivamente** ora **intransitivamente.**

Esempi: L'editore **ha** cresciuto i prezzi (*trans.*)
Il cavallino **è** cresciuto (*intrans.*)

Secondo il significato, si usa talvolta l'ausiliare **essere** talvolta l'ausiliare **avere.**

Esempi: **E'** mancato (ad un appuntamento)
Ha mancato (ha commesso una colpa)

LE FORME DEL VERBO

Transitivi

I verbi *transitivi* hanno **tre forme:**

1. **Attiva** - Quando l'azione *è fatta* dal soggetto.

ESEMPIO: **Il falegname lavora** il legno (il falegname, che è *il soggetto, fa l'azione* di lavorare il legno (che è complemento oggetto).

2. **Passiva** - Quando l'azione *è ricevuta* dal soggetto.

ESEMPIO: **La terra è lavorata** dal contadino (la terra, che è *il soggetto, riceve o subisce, l'azione* del contadino).

3. **Riflessiva** - Quando l'azione *si riflette* sul soggetto.

ESEMPIO: **Carlo si lava** (Carlo che è *il soggetto, fa l'azione* di lavarsi. Azione *che si riflette su lui stesso*).

Ogni forma *transitiva attiva* può trasformarsi in *passiva.*

ESEMPI: **I professori lodano** gli studenti (*attiva*).
Gli studenti sono lodati dai professori (*passiva*).

Nei tempi composti della forma *transitiva attiva* si usa l'ausiliare **avere.**

Nei tempi composti della forma *transitiva passiva* si usa l'ausiliare **essere.**

ESEMPI: Forma *attiva* - Paola **ha** letto il libro.
Forma *passiva* - Il libro **è stato** letto da Paola.

Intransitivi

I verbi *intransitivi* hanno **solo la forma attiva.**

ESEMPI: Io vado - Tu parti - Paolo esce - Noi corriamo - Voi camminate - Essi dormono.

Nei *tempi composti* alcuni verbi *intransitivi* vogliono l'ausiliare **essere**, altri l'ausiliare **avere**, altri **essere** o **avere** secondo il significato.

Altri ancora possono essere usati tanto con l'ausiliare **essere** quanto con l'ausiliare **avere**.

Vogliono l'ausiliare **ESSERE** i verbi:

Andare - Nascere - Morire - Partire - Uscire, ecc.

perciò diremo: **Sono** andato - **Sei** nato - **Siamo** partiti **E'** morto - **Siete** usciti

Vogliono l'ausiliare **AVERE** i verbi:

Camminare - Dormire - Parlare - Soffrire - Viaggiare, ecc.

perciò diremo: **Ho** camminato - **Hai** dormito - **Abbiamo** parlato - **Avete** viaggiato - **Hanno** sofferto.

I verbi: *vivere, convivere*, ecc., possono essere usati tanto con l'ausiliare **essere** quanto con l'ausiliare **avere**.

ESEMPIO: **Sono** vissuto - oppure: **Ho** vissuto.

Verbi riflessivi

Si chiamano *riflessivi* perché l'azione che essi esprimono **si riflette**, ricade, sul **soggetto** che la compie.

I verbi *riflessivi* si coniugano con le *particelle pronominali*: **mi - ti - si - ci - vi** ed è per mezzo di queste che l'azione *si riflette* sul soggetto dal quale è compiuta.

ESEMPIO: quando dico: Io **mi** lavo - è come se dicessi: Io lavo **me.**

L'azione che **io** (*soggetto*) compio, ricade su me stesso.

ALTRI ESEMPI: Egli **si** spoglia - Noi **ci** laviamo - Voi **vi** divertite.

I verbi **riflessivi** si distinguono in:

1. **PROPRI** - Quando la *particella pronominale* è *complemento oggetto,* ossia vale per: **me - te - se - noi - voi** che sarebbe come dire:

me stesso - te stesso - se stesso - noi stessi - voi stessi.

ESEMPIO: Cesira **si** veste (veste **se stessa**)

2. **IMPROPRI**

a) **Apparenti** - Quando *la particella pronominale non è complemento oggetto* e vale per: **a me - a te a se - a noi - a voi.**

ESEMPIO: Giorgio **si** lavò le mani (lavò le mani **a sè**)

b) **Reciproci** - Quando le particelle pronominali: **ci - vi - si,** indicano *azione reciproca,* (ossia che si scambia fra due persone).

ESEMPI: — Noi **ci** amiamo (reciprocamente)
— Voi **vi** odiate (reciprocamente)
— Gli amici **si** aiutano *a vicenda.*

c) **Pronominali** - Quando *la particella riflessiva è parte integrante del verbo* (cioè il verbo non si può coniugare senza l'aiuto della particella riflessiva).

ESEMPI: — accorger**si** : io **mi** accorgo
— vergognar**si** : tu **ti** vergogni
— annoiar**si** : egli **si** annoia

* * *

I verbi *riflessivi* seguono la coniugazione dei verbi *attivi* e nei tempi composti prendono sempre l'ausiliare **essere.**

LE CONIUGAZIONI

Le coniugazioni sono l'insieme delle **variazioni del verbo.** Perciò, coniugare un verbo vuol dire: cambiarne per ordine le desinenze, secondo il **modo,** il **tempo,** la **persona,** il **numero.**

Le tre coniugazioni

are* - *ere* - *ire

I verbi, come li troviamo nei vocabolari, sono indicati al modo **infinito** e al tempo **presente.**

Secondo la loro desinenza (**are** - **ere** - **ire**) essi appartengono alla *prima, seconda, terza* coniugazione.

Prima coniugazione: desinenza in ***-ARE***	ESEMPI:	Am-*are* Parl-*are* Cant-*are*
Seconda coniugazione: desinenza in ***-ERE***	ESEMPI:	Cred-*ere* Rid-*ere* Piang-*ere*
Terza coniugazione: desinenza in ***-IRE***	ESEMPI:	Cap-*ire* Sent-*ire* Part-*ire*

VERBI

REGOLARI - IRREGOLARI - DIFETTIVI

I verbi possono essere: *regolari, irregolari* o *difettivi.*

Si dicono **REGOLARI:** quelli che, nella coniugazione a cui appartengono, *si uniformano* in tutti i **modi,** i **tempi** e le **persone,** al modello di coniugazione.

Si dicono **IRREGOLARI:** quelli che nella coniugazione *si allontanano* dalle forme dei verbi modelli.

Si dicono **DIFETTIVI:** quelli che nella coniugazione *mancano* di alcune o di molte voci.

N.B. - *Modelli di coniugazione dei verbi regolari a pag.* 139.
Verbi irregolari a pag. 169.
Verbi difettivi a pag. 198.

VERBI REGOLARI

Prima coniugazione

Modello di coniugazione del verbo

AM-ARE

CONIUGAZIONE TRANSITIVA

Attiva

TEMPI SEMPLICI	TEMPI COMPOSTI
Modo indicativo	
PRESENTE	PASSATO PROSSIMO
Io am-*o*	Io ho amato
Tu am-*i*	Tu hai amato
Egli am-*a*	Egli ha amato
Noi am-*iamo*	Noi abbiamo amato
Voi am-*ate*	Voi avete amato
Essi am-*ano*	Essi hanno amato
IMPERFETTO	TRAPASSATO PROSSIMO
Io am-*avo*	Io avevo amato
Tu am-*avi*	Tu avevi amato
Egli am-*ava*	Egli aveva amato
Noi am-*avamo*	Noi avevamo amato
Voi am-*avate*	Voi avevate amato
Essi am-*avano*	Essi avevano amato

PASSATO REMOTO	TRAPASSATO REMOTO
Io am-*ai*	Io ebbi amato
Tu am-*asti*	Tu avesti amato
Egli am-*ò*	Egli ebbe amato
Noi am-*ammo*	Noi avemmo amato
Voi am-*aste*	Voi aveste amato
Essi am-*arono*	Essi ebbero amato

FUTURO SEMPLICE	FUTURO ANTERIORE
Io am-*erò*	Io avrò amato
Tu am-*erai*	Tu avrai amato
Egli am-*erà*	Egli avrà amato
Noi am-*eremo*	Noi avremo amato
Voi am-*erete*	Voi avreste amato
Essi am-*eranno*	Essi avranno amato

Modo congiuntivo

PRESENTE	PASSATO
(che) Io am-*i*	(che) Io abbia amato
» Tu am-*i*	» Tu abbia amato
» Egli am-*i*	» Egli abbia amato
» Noi am-*iamo*	» Noi abbiamo amato
» Voi am-*iate*	» Voi abbiate amato
» Essi am-*ino*	» Essi abbiano amato

IMPERFETTO	TRAPASSATO
(che) Io am-*assi*	(che) Io avessi amato
» tu am-*assi*	» Tu avessi amato
» Egli am-*asse*	» Egli avesse amato
» Noi am-*assimo*	» Noi avessimo amato
» Voi am-*aste*	» Voi aveste amato
» Essi am-*assero*	» Essi avessero amato

Modo condizionale

PRESENTE	PASSATO
Io am-*erei*	Io avrei amato
Tu am-*eresti*	Tu avresti amato
Egli am-*erebbe*	Egli avrebbe amato
Noi am-*eremmo*	Noi avremmo amato
Voi am-*ereste*	Voi avreste amato
Essi am-*erebbero*	Essi avrebbero amato

Modo imperativo

PRESENTE

. . . . . .
Am-*a* (*tu*)
Am-*i* (*egli*)
Am-*iamo* (*noi*)
Am-*ate* (*voi*)
Am-*ino* (*essi*)

(*l'imperativo non ha tempi composti*)

FUTURO

. . . . .
Am-*erai* (*tu*)
Am-*erà* (*egli*)
Am-*eremo* (*noi*)
Am-*erete* (*voi*)
Am-*eranno* (*essi*)

Modo infinito

PRESENTE	PASSATO
Am-*are*	Avere amato

Gerundio

PRESENTE	PASSATO
Am-*ando*	Avendo amato

Participio

PRESENTE

Am-*ante*

(*Il participio non ha tempi composti*)

PASSATO

Am-*ato*

*

* *

CONIUGAZIONE TRANSITIVA

Passiva

TEMPI SEMPLICI	TEMPI COMPOSTI

Modo indicativo

PRESENTE	PASSATO PROSSIMO
Io sono amato	Io sono stato amato
Tu sei amato	Tu sei stato amato
Egli è amato	Egli è stato amato
Noi siamo amati	Noi siamo stati amati
Voi siete amati	Voi siete stati amati
Essi sono amati	Essi sono stati amati

IMPERFETTO	TRAPASSATO PROSSIMO
Io ero amato	Io ero stato amato
Tu eri amato	Tu eri stato amato
Egli era amato	Egli era stato amato
Noi eravamo amati	Noi eravamo stati amati
Voi eravate amati	Voi eravate stati amati
Essi erano amati	Essi erano stati amati

PASSATO REMOTO

Io fui amato
Tu fosti amato
Egli fu amato
Noi fummo amati
Voi foste amati
Essi furono amati

TRAPASSATO REMOTO

Io fui stato amato
Tu fosti stato amato
Egli fu stato amato
Noi fummo stati amati
Voi foste stati amati
Essi furono stati amati

FUTURO SEMPLICE

Io sarò amato
Tu sarai amato
Egli sarà amato
Noi saremo amati
Voi sarete amati
Essi saranno amati

FUTURO ANTERIORE

Io sarò stato amato
Tu sarai stato amato
Egli sarà stato amato
Noi saremo stati amati
Voi sarete stati amati
Essi saranno stati amati

Modo congiuntivo

PRESENTE

(che) Io sia amato
» Tu sia amato
» Egli sia amato
» Noi siamo amati
» Voi siate amati
» Essi siano amati

PASSATO

(che) Io sia stato amato
» Tu sia stato amato
» Egli sia stato amato
» Noi siamo stati amati
» Voi siate stati amati
» Essi siano stati amati

IMPERFETTO

(che) Io fossi amato
» Tu fossi amato
» Egli fosse amato
» Noi fossimo amati
» Voi foste amati
» Essi fossero amati

TRAPASSATO

(che) Io fossi stato amato
» Tu fossi stato amato
» Egli fosse stato amato
» Noi fossimo stati amati
» Voi foste stati amati
» Essi fossero stati amati

Modo condizionale

PRESENTE	PASSATO
Io sarei amato	Io sarei stato amato
Tu saresti amato	Tu saresti stato amato
Egli sarebbe amato	Egli sarebbe stato amato
Noi saremmo amati	Noi saremmo stati amati
Voi sareste amati	Voi sareste stati amati
Essi sarebbero amati	Essi sarebbero stati amati

Modo imperativo

PRESENTE

. . . . . .
Sii amato (*tu*)
Sia amato (*egli*)
Siamo amati (*noi*)
Siate amati (*voi*)
Siano amati (*essi*)

(*L'imperativo non ha tempi composti*)

FUTURO

. . . . . .
Sarai amato (*tu*)
Sarà amato (*egli*)
Saremo amati (*noi*)
Sarete amati (*voi*)
Saranno amati (*essi*)

Modo infinito

PRESENTE	PASSATO
Essere amato	Essere stato amato

Participio

PASSATO	PRESENTE
(*Nella forma passiva, il participio presente non esiste*)	(*stato*) amato

Gerundio

PRESENTE	PASSATO
Essendo amato	Essendo stato amato

VERBI REGOLARI

Seconda coniugazione

Modello di coniugazione del verbo

CRED-ERE

CONIUGAZIONE TRANSITIVA

Attiva

TEMPI SEMPLICI	TEMPI COMPOSTI

Modo indicativo

PRESENTE	PASSATO PROSSIMO
Io cred-*o*	Io ho creduto
Tu cred-*i*	Tu hai creduto
Egli cred-*e*	Egli ha creduto
Noi cred-*iamo*	Noi abbiamo creduto
Voi cred-*ete*	Voi avete creduto
Essi cred-*ono*	Essi hanno creduto

IMPERFETTO	TRAPASSATO PROSSIMO
Io cred-*evo*	Io avevo creduto
Tu cred-*evi*	Tu avevi creduto
Egli cred-*eva*	Egli aveva creduto
Noi credev-*amo*	Noi avevamo creduto
Voi credev-*ate*	Voi avevate creduto
Essi credev-*ano*	Essi avevano creduto

PASSATO REMOTO

Io cred-*ei* (o cred-*etti*)
Tu cred-*esti*
Egli cred-*è* (o cred-*ette*)
Noi cred-*emmo*
Voi cred-*este*
Essi cred-*erono*
(o cred-*ettero*)

TRAPASSATO REMOTO

Io ebbi creduto
Tu avesti creduto
Egli ebbe creduto
Noi avemmo creduto
Voi aveste creduto
Essi ebbero creduto

FUTURO SEMPLICE

Io cred-*erò*
Tu cred-*erai*
Egli cred-*erà*
Noi cred-*eremo*
Voi cred-*erete*
Essi cred-*eranno*

FUTURO ANTERIORE

Io avrò creduto
Tu avrai creduto
Egli avrà creduto
Noi avremo creduto
Voi avrete creduto
Essi avranno creduto

Modo congiuntivo

PRESENTE

(che) Io cred-*a*
» Tu cred-*a*
» Egli cred-*a*
» Noi cred-*iamo*
» Voi cred-*iate*
» Essi cred-*ano*

PASSATO

(che) Io abbia creduto
» Tu abbia creduto
» Egli abbia creduto
» Noi abbiamo creduto
» Voi abbiate creduto
» Essi abbiano creduto

IMPERFETTO

(che) Io cred-*essi*
» Tu cred-*essi*
» Egli cred-*esse*
» Noi cred-*essimo*
» Voi cred-*este*
» Essi cred-*ettero*

TRAPASSATO

(che) Io avessi creduto
» Tu avessi creduto
» Egli avesse creduto
» Noi avessimo creduto
» Voi aveste creduto
» Essi avessero creduto

Modo condizionale

PASSATO

Io cred-*erei*
Tu cred-*eresti*
Egli cred-*erebbe*
Noi cred-*eremmo*
Voi cred-*ereste*
Essi cred-*erebbero*

PRESENTE

Io avrei creduto
Tu avresti creduto
Egli avrebbe creduto
Noi avremmo creduto
Voi avreste creduto
Essi avrebbero creduto

Modo imperativo

PRESENTE

. . . . . .
Cred-*i*- (*tu*)
Cred-*a* (*egli*)
Cred-*iamo* (*noi*)
Cred-*ete* (*voi*)
Cred-*ano* (*essi*)

FUTURO

. . . . . .
Cred-*erai* (*tu*)
Cred-*erà* (*egli*)
Cred-*eremo* (*noi*)
Cred-*erete* (*voi*)
Cred-*eranno* (*essi*)

(*L'imperativo non ha tempi composti*)

Modo infinito

PRESENTE

Cred-*ere*

PASSATO

Avere creduto

Gerundio

PRESENTE	PASSATO
Cred-*endo*	Avendo creduto

Participio

PRESENTE
Cred-*ente*

(*il participio non ha tempi composti*)

PASSATO
Creduto

*
* *

CONIUGAZIONE TRANSITIVA

Passiva

TEMPI SEMPLICI	TEMPI COMPOSTI

Modo indicativo

PRESENTE	PASSATO PROSSIMO
Io sono creduto	Io sono stato creduto
Tu sei creduto	Tu sei stato creduto
Egli è creduto	Egli è stato creduto
Noi siamo creduti	Noi siamo stati creduti
Voi siete creduti	Voi siete stati creduti
Essi sono creduti	Essi sono stati creduti

IMPERFETTO

Io ero creduto
Tu eri creduto
Egli era creduto
Noi eravamo creduti
Voi eravate creduti
Essi erano creduti

TRAPASSATO PROSSIMO

Io ero stato creduto
Tu eri stato creduto
Egli era stato creduto
Noi eravamo stati creduti
Voi eravate stati creduti
Essi erano stati creduti

PASSATO REMOTO

Io fui creduto
Tu fosti creduto
Egli fu creduto
Noi fummo creduti
Voi foste creduti
Essi furono creduti

TRAPASSATO REMOTO

Io fui stato creduto
Tu fosti stato creduto
Egli fu stato creduto
Noi fummo stati creduti
Voi foste stati creduti
Essi furono stati creduti

FUTURO SEMPLICE

Io sarò creduto
Tu sarai creduto
Egli sarà creduto
Noi saremo creduti
Voi sarete creduti
Essi saranno creduti

FUTURO ANTERIORE

Io sarò stato creduto
Tu sarai stato creduto
Egli sarà stato creduto
Noi saremo stati creduti
Voi sarete stati creduti
Essi saranno stati creduti

Modo congiuntivo

PRESENTE

(che) Io sia creduto
» Tu sia creduto
» Egli sia creduto
» Noi siamo creduti
» Voi siate creduti
» Essi siano creduti

PASSATO

(che) Io sia stato creduto
» Tu sia stato creduto
» Egli sia stato creduto
» Noi siamo stati creduti
» Voi siate stati creduti
» Essi siano stati creduti

IMPERFETTO		TRAPASSATO	
(che)	Io fossi creduto	(che)	Io fossi stato creduto
»	Tu fossi creduto	»	Tu fossi stato creduto
»	Egli fosse creduto	»	Egli fosse stato creduto
»	Noi fossimo creduti	»	Noi fossimo stati creduti
»	Voi foste creduti	»	Voi foste stati creduti
»	Essi fossero creduti	»	Essi fossero stati creduti

Modo condizionale

PRESENTE	PASSATO
Io sarei creduto	Io sarei stato creduto
Tu saresti creduto	Tu saresti stato creduto
Egli sarebbe creduto	Egli sarebbe stato creduto
Noi saremmo creduti	Noi saremmo stati creduti
Voi sareste creduti	Voi sareste stati creduti
Essi sarebbero creduti	Essi sarebbero stati creduti

Modo imperativo

PRESENTE

. . . . . .
Sii creduto (*tu*)
Sia creduto (*egli*)
Siamo creduti (*noi*)
Siate creduti (*voi*)
Siano creduti (*essi*)

(*L'imperativo non ha tempi composti*)

FUTURO

. . . . . .
Sarai creduto (*tu*)
Sarà creduto (*egli*)
Saremo creduti (*noi*)
Sarete creduti (*voi*)
Saranno creduti (*essi*)

Modo infinito

PRESENTE	PASSATO
Essere creduto	Essere stato creduto

Participio

	PASSATO
(Nella forma passiva il participio presente non esiste)	(*stato*) creduto

Gerundio

PRESENTE	PASSATO
Essendo creduto	Essendo stato creduto

VERBI REGOLARI

Terza coniugazione

Modello di coniugazione del verbo

SENT-IRE

CONIUGAZIONE TRANSITIVA

Attiva

TEMPI SEMPLICI	TEMPI COMPOSTI

Modo indicativo

PRESENTE	PASSATO PROSSIMO
Io sent-*o*	Io ho sentito
Tu sent-*i*	Tu hai sentito
Egli sent-*e*	Egli ha sentito
Noi sent-*iamo*	Noi abbiamo sentito
Voi sent-*ite*	Voi avete sentito
Essi sent-*ono*	Essi hanno sentito

IMPERFETTO	TRAPASSATO PROSSIMO
Io sent-*ivo*	Io avevo sentito
Tu sent-*ivi*	Tu avevi sentito
Egli sent-*iva*	Egli aveva sentito
Noi sent-*ivamo*	Noi avevamo sentito
Voi sent-*ivate*	Voi avevate sentito
Essi sent-*ivano*	Essi avevano sentito

PASSATO REMOTO	TRAPASSATO REMOTO
Io sent-*ii*	Io ebbi sentito
Tu sent-*isti*	Tu avesti sentito
Egli sent-*ì*	Egli ebbe sentito
Noi sent-*immo*	Noi avemmo sentito
Voi sent-*iste*	Voi aveste sentito
Essi sent-*irono*	Essi ebbero sentito

FUTURO SEMPLICE	FUTURO ANTERIORE
Io sent-*irò*	Io avrò sentito
Tu sent-*irai*	Tu avrai sentito
Egli sent-*irà*	Egli avrà sentito
Noi sent-*iremo*	Noi avremo sentito
Voi sent-*irete*	Voi avrete sentito
Essi sent-*iranno*	Essi avranno sentito

Modo congiuntivo

PRESENTE	PASSATO
(che) Io sent-*a*	(che) Io abbia sentito
» Tu sent-*a*	» Tu abbia sentito
» Egli sent-*a*	» Egli abbia sentito
» Noi sent-*iamo*	» Noi abbiamo sentito
» Voi sent-*iate*	» Voi abbiate sentito
» Essi sent-*ano*	» Essi abbiano sentito

IMPERFETTO	TRAPASSATO
(che) Io sent-*issi*	(che) Io avessi sentito
» Tu sent-*issi*	» Tu avessi sentito
» Egli sent-*isse*	» Egli avesse sentito
» Noi sent-*issimo*	» Noi avessimo sentito
» Voi sent-*iste*	» Voi aveste sentito
» Essi sent-*issero*	» Essi avessero sentito

Modo condizionale

PRESENTE	PASSATO
Io sent-*irei*	Io avrei sentito
Tu sent-*iresti*	Tu avresti sentito
Egli sent-*irebbe*	Egli avrebbe sentito
Noi sent-*iremmo*	Noi avremmo sentito
Voi sent-*ireste*	Voi avreste sentito
Essi sent-*irebbero*	Essi avrebbero sentito

Modo imperativo

PRESENTE

. . . . . .
Sent-*i* (*tu*)
Sent-*a* (*egli*)
Sent-*iamo* (*noi*)
Sent-*ite* (*voi*)
Sent-*ano* (*essi*)

(*l'imperativo non ha tempi composti*)

FUTURO

. . . . . .
Sent-*irai* (*tu*)
Sent-*irà* (*egli*)
Sent-*iremo* (*noi*)
Sent-*irete* (*voi*)
Sent-*iranno* (*essi*)

Modo infinito

PRESENTE	PASSATO
Sent-*ire*	Avere sentito

Gerundio

PRESENTE	PASSATO
Sent-*endo*	Avendo sentito

Participio

PRESENTE

Sent-*ente*

(*Il participio non ha tempi composti*)

PASSATO

Sent-*ito*

*
* *

CONIUGAZIONE TRANSITIVA

Passiva

TEMPI SEMPLICI	TEMPI COMPOSTI

Modo indicativo

PRESENTE	PASSATO PROSSIMO
Io sono sentito	Io sono stato sentito
Tu sei sentito	Tu sei stato sentito
Egli è sentito	Egli è stato sentito
Noi siamo sentiti	Noi siamo stati sentiti
Voi siete sentiti	Voi siete stati sentiti
Essi sono sentiti	Essi sono stati sentiti

IMPERFETTO	TRAPASSATO PROSSIMO
Io ero sentito	Io ero stato sentito
Tu eri sentito	Tu eri stato sentito
Egli era sentito	Egli era stato sentito
Noi eravamo sentiti	Noi eravamo stati sentiti
Voi eravate sentiti	Voi eravate stati sentiti
Essi erano sentiti	Essi erano stati sentiti

PASSATO REMOTO	TRAPASSATO REMOTO
Io fui sentito	Io fui stato sentito
Tu fosti sentito	Tu fosti stato sentito
Egli fu sentito	Egli fu stato sentito
Noi fummo sentiti	Noi fummo stati sentiti
Voi foste sentiti	Voi foste stati sentiti
Essi furono sentiti	Essi furono stati sentiti

FUTURO SEMPLICE	FUTURO ANTERIORE
Io sarò sentito	Io sarò stato sentito
Tu sarai sentito	Tu sarai stato sentito
Egli sarà sentito	Egli sarà stato sentito
Noi saremo sentiti	Noi saremo stati sentiti
Voi sarete sentiti	Voi sarete stati sentiti
Essi saranno sentiti	Essi saranno stati sentiti

Modo congiuntivo

PRESENTE	PASSATO
(che) Io sia sentito	(che) Io sia stato sentito
» Tu sia sentito	» Tu sia stato sentito
» Egli sia sentito	» Egli sia stato sentito
» Noi siamo sentiti	» Noi siamo stati sentiti
» Voi siate sentiti	» Voi siate stati sentiti
» Essi siano sentiti	» Essi siano stati sentiti

IMPERFETTO	TRAPASSATO
(che) Io fossi sentito	(che) Io fossi stato sentito
» Tu fossi sentito	» Tu fossi stato sentito
» Egli fosse sentito	» Egli fosse stato sentito
» Noi fossimo sentiti	» Noi fossimo stati sentiti
» Voi foste sentiti	» Voi foste stati sentiti
» Essi fossero sentiti	» Essi fossero stati sentiti

Modo condizionale

IMPERFETTO	TRAPASSATO
Io sarei sentito	Io sarei stato sentito
Tu saresti sentito	Tu saresti stato sentito
Egli sarebbe sentito	Egli sarebbe stato sentito
Noi saremmo sentiti	Noi saremmo stati sentiti
Voi sareste sentiti	Voi sareste stati sentiti
Essi sarebbero sentiti	Essi sarebbero stati sentiti

Modo imperativo

PRESENTE

. . . . . .
Sii sentito (*tu*)
Sia sentito (*egli*)
Siamo sentiti (*noi*)
Siate sentiti (*voi*)
Siano sentiti (*essi*)

(*l'imperativo non ha tempi composti*)

FUTURO

. . . . . .
Sarai sentito (*tu*)
Sarà sentito (*egli*)
Saremo sentiti (*noi*)
Sarete sentiti (*voi*)
Saranno sentiti (*essi*)

Modo infinito

PRESENTE	PASSATO
Essere sentito	Essere stato sentito

Participio

	PASSATO
(*Nella forma passiva, il participio presente non esiste*)	(*stato*) sentito

Gerundio

PRESENTE	PASSATO
Essendo sentito	Essendo stato sentito

*
* *

CONIUGAZIONE TRANSITIVA

Riflessiva

Modello di coniugazione del verbo **Lavare**
forma riflessiva: LAVAR-**SI**

TEMPI COMPOSTI	TEMPI SEMPLICI

Modo indicativo

PRESENTE	PASSATO PROSSIMO
Io **mi** lavo	Io **mi** sono lavato
Tu **ti** lavi	Tu **ti** sei lavato
Egli **si** lava	Egli **si** è lavato
Noi **ci** laviamo	Noi **ci** siamo lavati
Voi **vi** lavate	Voi **vi** siete lavati
Essi **si** lavano	Essi **si** sono lavati

IMPERFETTO

Io **mi** lavavo
Tu **ti** lavavi
Egli **si** lavava
Noi **ci** lavavamo
Voi **vi** lavavate
Essi **si** lavavano

TRAPASSATO PROSSIMO

Io **mi** ero lavato
Tu **ti** eri lavato
Egli **si** era lavato
Noi **ci** eravamo lavati
Voi **vi** eravate lavati
Essi **si** erano lavati

PASSATO REMOTO

Io **mi** lavai
Tu **ti** lavasti
Egli **si** lavò
Noi **ci** lavammo
Voi **vi** lavaste
Essi **si** lavarono

TRAPASSATO REMOTO

Io **mi** fui lavato
Tu **ti** fosti lavato
Egli **si** fu lavato
Noi **ci** fummo lavati
Voi **vi** foste lavati
Essi **si** furono lavati

FUTURO SEMPLICE

Io **mi** laverò
Tu **ti** laverai
Egli **si** laverà
Noi **ci** laveremo
Voi **vi** laverete
Essi **si** laveranno

FUTURO ANTERIORE

Io **mi** sarò lavato
Tu **ti** sarai lavato
Egli **si** sarà lavato
Noi **ci** saremo lavati
Voi **vi** sarete lavati
Essi **si** saranno lavati

Modo congiuntivo

PRESENTE

(che) Io **mi** lavi
» Tu **ti** lavi
» Egli **si** lavi
» Noi **ci** laviamo
» Voi **vi** laviate
» Essi **si** lavino

PASSATO

(che) Io **mi** sia lavato
» Tu **ti** sia lavato
» Egli **si** sia lavato
» Noi **ci** siamo lavati
» Voi **vi** siate lavati
» Essi **si** siano lavati

IMPERFETTO	TRAPASSATO
(che) Io **mi** lavassi	(che) Io **mi** fossi lavato
» Tu **ti** lavassi	» Tu **ti** fossi lavato
» Egli **si** lavasse	» Egli **si** fosse lavato
» Noi **ci** lavassimo	» Noi **ci** fossimo lavati
» Voi **vi** lavaste	» Voi **vi** foste lavati
» Essi **si** lavassero	» Essi **si** fossero lavati

Modo condizionale

PRESENTE	PASSATO
Io **mi** laverei	Io **mi** sarei lavato
Tu **ti** laveresti	Tu **ti** saresti lavato
Egli **si** laverebbe	Egli **si** sarebbe lavato
Noi **ci** laveremmo	Noi **ci** saremmo lavati
Voi **vi** lavereste	Voi **vi** sareste lavati
Essi **si** laverebbero	Essi **si** sarebbero lavati

Modo imperativo

PRESENTE

(*Nel presente imperativo, le particelle pronominali si uniscono al verbo, fuorché nelle terze persone*)

. . . . . .

Lavat**i**

Si lavi

Laviamo**ci**

Lavate**vi**

Si lavino

(*l'imperativo non ha tempi composti*)

FUTURO

. . . . . .
Ti laverai
Si laverà
Ci laveremo
Vi laverete
Si laveranno

(l'imperativo non ha tempi composti)

Modo infinito

PRESENTE	PASSATO
Lavar**si**	Esser**si** lavato

Gerundio

PRESENTE	PASSATO
Lavando**si**	Essendo**si** lavato

Participio

PRESENTE	PASSATO
Lavante**si**	Lavato**si**

VERBI IN

-ciare -sciare -giare -care -gare -scare

I verbi che finiscono in **-ciare -sciare -giare** *perdono* la « **i** » davanti alle desinenze che cominciano con « **e** » o con « **i** ».

ESEMPI:

baci-are	**mang-iare**	**lasci-are**
bac-i	mang-i	lasc-i
bac-iamo	mang-iamo	lasc-iamo
bac-erei	mang-erei	lasc-erei
bac-erò	mang-erò	lasc-erò
ecc.	ecc.	ecc.

I verbi che finiscono in **-care -gare -scare** *prendono* una « **h** » davanti alle desinenze che cominciano con « **e** » o con « **i** ».

ESEMPI:

rec-are	**neg-are**	**pesc-are**
rech-i	negh-i	pesch-i
rech-iamo	negh-iamo	pesch-iamo
rech-erei	negh-erei	pesch-erei
rech-erò	negh-erò	pesch-erò
ecc.	ecc.	ecc.

VERBI IN -iare

I verbi che finiscono in **-iare:**

— Se nella *prima persona singolare dell'***indicativo presente** hanno la « **i** » senza accento (atona) la *perdono* davanti alle desinenze che cominciano con « **i** ».

ESEMPIO: **studi-are** - *Ind. pres.*: io studio
che io stud-i
che tu stud-i
che egli stud-i
che noi stud-iamo

Vi sono però alcuni casi in cui la « **i** » viene conservata per evitare confusioni con forme omonime di altri verbi.

ESEMPI:

odi-are	**allevi-are**
tu odi-i	tu allevi-i

per evitare di confonderli con le voci:
tu odi (dal verbo *udire*).
tu allevi (dal verbo *allevare*).

— Se invece nella *prima persona singolare dell'***indicativo presente** hanno la « **i** » accentata (tonica) la conservano anche davanti alle desinenze che cominciano con « **i** » (fatta eccezione per le desinenze: **-iamo** e **-iate**).

ESEMPI:

invi-are *Ind. pres.*: io invio	**avv-iare** *Ind. pres.*: io avvio
invì-i	avvì-i
invì-ino	avvì-ino
inv-iamo	avv-iamo
inv-iate	avv-iate

VERBI CON SUFFISSO -isc

Parecchi verbi della *terza coniugazione* in alcune voci dei modi: **indicativo - congiuntivo - imperativo,** nel *tempo* **presente,** inseriscono tra il tema e la desinenza il suffisso: **-isc-**

INDICATIVO e CONGIUNTIVO	Inseriscono **-isc-** nelle *tre persone singolari* e nella *terza persona plurale* del tempo **presente.**
IMPERATIVO	Inseriscono **-isc-** nella *seconda* e nella *terza persona singolare* e nella *terza plurale* del tempo **presente.**

Alcuni di questi verbi sono:

finire	*capire*	*guarire*
impedire	*fiorire*	*sparire*
patire	*gioire*	*smarrire*

Modello di coniugazione del verbo: **finire**

INDICATIVO PRESENTE	CONGIUNTIVO PRESENTE
Io fin-**isc**-o	(che) Io fin-**isc**-a
Tu fin-**isc**-i	» Tu fin-**isc**-a
Egli fin-**isc**-e	» Egli fin-**isc**-a
Noi fin-iamo	» Noi fin-iamo
Voi fin-ite	» Voi fin-iate
Essi fin-**isc**-ono	» Essi fin-**isc**-ano

IMPERATIVO

PRESENTE

Fin-**isc**-i (*tu*)
Fin-**isc**-a (*egli*)
Fin-iamo (*noi*)
Fin-ite (*voi*)
Fin-**isc**-ano (*essi*)

Negli altri modi e tempi questi verbi si coniugano come il verbo **sentire** (vedi modello di coniugazione a pag. 153).

VERBI SERVILI

Dovere - Potere - Volere

Si chiamano SERVILI perché *non* hanno in se stessi un preciso valore di azione.

Questo valore lo acquistano soltanto quando sono uniti ad un altro verbo all'**infinito.**

ESEMPI: **Devo...** studiare
Posso... leggere
Voglio... partire.

I verbi *servili* prendono l'ausiliare richiesto dal verbo all'**infinito** con il quale sono uniti.

ESEMPI:

ausiliare **essere**

Non **sono** potuto venire
Non **è** dovuto partire
Non **siamo** potuti andare
perché i verbi: *venire, partire, andare,* vogliono l'ausiliare **essere**)

ausiliare **avere**

Ho dovuto studiare
Abbiamo voluto mangiare
Hanno potuto dormire
(perché i verbi: *studiare, mangiare, dormire,* vogliono l'ausiliare **avere**)

VERBI COMPOSTI

Si chiamano *verbi composti* quelli che sono formati dal verbo unito ad un'altra parola: un'**avverbio**, una **preposizione**, un **prefisso**, ecc.

Esempi:

MALE-DIRE BENE-DIRE	sono formati dagli **avverbi:** MALE e BENE e dal verbo: DIRE.
DI-VENIRE PER-VENIRE CON-VENIRE	Sono formati dalle **preposizioni:** DI - PER - CON e dal verbo: VENIRE.
PRE-CORRERE	E' formato dal **prefisso** PRE (che vuol dire: *prima* e dal verbo: CORRERE.

VERBI SOVRABBONDANTI

Si chiamano verbi *sovrabbondanti* quelli che pur avendo *un solo tema* hanno all'**infinito** *due desinenze* diverse e appartengono, di conseguenza, a **due coniugazioni.**

ESEMPIO: **Dimagr-are** (prima coniugazione)
Dimagr-ire (terza coniugazione)

Questi verbi talvolta hanno significato uguale, talvolta diverso.

ESEMPI - *Con significato uguale*:

adempiere	**adempire**
dimagrare	**dimagrire**
intorpidare	**intorpidire**
starnutare	**starnutire**

ESEMPI - *Con significato diverso*:

abbrunare	(mettere il lutto)
abbrunire	(abbronzare)
arrossare	(far diventar rosso)
arrossire	(diventar rosso)
scolorare	(far perdere il colore)
scolorire	(perdere il colore)
sfiorare	(toccare lievemente)
sfiorire	(appassire)

VERBI IRREGOLARI

Si chiamano *verbi irregolari* quei verbi che nella coniugazione subiscono *in una o più voci* mutamenti nel **tema** o assumono **desinenze** diverse da quelle dei verbi regolari modello.

Verbi irregolari della prima coniugazione

La **prima coniugazione** ha soltanto *tre verbi irregolari*:

Andare - Dare - Stare

Il verbo **andare**	ha forme *irregolari* nel **presente** dell'*indicativo - congiuntivo - imperativo;* ha forme *abbreviate* nel **futuro semplice** dell'*indicativo,* nell'**imperativo** e nel **presente** del *condizionale*.

Il verbo **dare** Il verbo **stare**	Hanno forme *irregolari* in quasi tutti i **tempi semplici.**

MODELLI DI CONIUGAZIONE DEI VERBI:

Andare	**Dare**	**Stare**
	Tempi semplici	
	MODO INDICATIVO	
	PRESENTE	
Io **vado**	do	sto
Tu **vai**	**dai**	**stai**
Egli **va**	dà	sta
Noi andiamo	diamo	stiamo
Voi andate	date	state
Essi **vanno**	**danno**	**stanno**
	IMPERFETTO	
Io andavo	davo	stavo
Tu andavi	davi	stavi
Egli andava	dava	stava
Noi andavamo	davamo	stavamo
Voi andavate	davate	stavate
Essi andavano	davano	stavano
	PASSATO REMOTO	
Io andai	**diedi**	**stetti**
Tu andasti	**desti**	**stesti**
Egli andò	**diede**	**stette**
Noi andammo	**demmo**	**stemmo**
Voi andaste	**deste**	**steste**
Essi andarono	**diedero**	**stettero**

FUTURO SEMPLICE

Io **andrò**	**darò**	**starò**
Tu **andrai**	**darai**	**starai**
Egli **andrà**	**darà**	**starà**
Noi **andremo**	**daremo**	**staremo**
Voi **andrete**	**darete**	**starete**
Essi **andranno**	**daranno**	**staranno**

MODO CONGIUNTIVO

PRESENTE

(che) *Io* **vada**	**dia**	**stia**
» *Tu* **vada**	**dia**	**stia**
» *Egli* **vada**	**dia**	**stia**
» *Noi* andiamo	diamo	stiamo
» *Voi* andiate	diate	stiate
» *Essi* **vadano**	**diano**	**stiano**

IMPERFETTO

(che) *Io* andassi	**dessi**	**stessi**
» *Tu* andassi	**dessi**	**stessi**
» *Egli* andasse	**desse**	**stesse**
» *Noi* andassimo	**dessimo**	**stessimo**
» *Voi* andaste	**deste**	**steste**
» *Essi* andassero	**dessero**	**stessero**

MODO CONDIZIONALE

PRESENTE

Io **andrei**	**darei**	**starei**
Tu **andresti**	**daresti**	**staresti**
Egli **andrebbe**	**darebbe**	**starebbe**
Noi **andremmo**	**daremmo**	**staremmo**
Voi **andreste**	**dareste**	**stareste**
Essi **andrebbero**	**darebbero**	**starebbero**

MODO IMPERATIVO

PRESENTE

. . . . . .	. . . . .	. . . . .
và (*o vai*) (*tu*)	**dà** (*o dai*)	**stà** (*o stai*)
vada (*egli*)	**dia**	**stia**
andiamo (*noi*)	diamo	stiamo
andate (*voi*)	date	state
vadano (*essi*)	**diano**	**stiano**

PARTICIPIO

PASSATO

Andato	Dato	Stato

GERUNDIO

PRESENTE

Andando	Dando	Stando

*
* *

Nei *tempi composti*:
i verbi **andare** e **stare** vogliono l'ausiliare **essere**
il verbo **dare** vuole l'ausiliare **avere.**

Verbi irregolari
della seconda coniugazione

Alla seconda coniugazione appartengono **quasi tutti i verbi irregolari.** Essi si dividono in *due gruppi*:

1° gruppo	irregolari: — nel **passato remoto:** nella *prima persona singolare* escono in: **-si** nella *terza persona singolare* escono in: **-se** nella *terza persona plurale* escono in: **sero.** — nel **participio passato:** escono in: **-so** o **-to.**
2° gruppo	irregolari in più forme.

I GRUPPO

infinito	**ind. - passato rem.** (*-si -se -sero*)	**part. pass.** (*-so* o *-to*)
ACCENDERE	*accesi,* accendesti, *accese,* accendemmo accendeste, *accesero*	acceso
ACCLUDERE	*acclusi,* ecc.	accluso

AFFLIGGERE	*afflissi,* ecc.	afflitto
ALLUDERE	*allusi,* ecc.	alluso
ANNETTERE	*annessi,* ecc.	annesso
APPENDERE	*appesi,* ecc.	appeso
ARDERE	*arsi,* ecc.	arso
ASPERGERE	*aspersi,* ecc.	asperso
ASSOLVERE	*assolsi,* ecc.	assolto
ASSUMERE	*assunsi,* ecc.	assunto
ATTINGERE	*attinsi,* ecc.	attinto
CHIUDERE	*chiusi,* ecc.	chiuso
CINGERE	*cinsi,* ecc.	cinto
COMPRIMERE	*compressi,* ecc.	compresso
CONCEDERE	*concessi,* ecc.	concesso
CONCLUDERE	*conclusi,* ecc.	concluso
CONQUIDERE	*conquisi,* ecc.	conquiso
CONTENDERE	*contesi,* ecc.	conteso
CONTUNDERE	*contusi,* ecc.	contuso
CONVERGERE	*conversi,* ecc.	converso
CORREGGERE	*corressi,* ecc.	corretto
CORRERE	*corsi,* ecc.	corso

COSTRINGERE	*costrinsi,* ecc.	costretto
DECIDERE	*decisi,* ecc.	deciso
DELUDERE	*delusi,* ecc.	deluso
DEPRIMERE	*depressi,* ecc.	depresso
DESUMERE	*desunsi,* ecc.	desunto
DETERGERE	*detersi,* ecc.	deterso
DIFENDERE	*difesi,* ecc.	difeso
DIPENDERE	*dipesi,* ecc.	dipeso
DIPINGERE	*dipinsi,* ecc.	dipinto
DIRIGERE	*diressi,* ecc.	diretto
DISCORRERE	*discorsi,* ecc.	discorso
DISCUTERE	*discussi,* ecc.	discusso
DISPERDERE	*dispersi,* ecc.	disperso
DISSUADERE	*dissuasi,* ecc.	dissuaso
DISTINGUERE	*distinsi,* ecc.	distinto
DISTRUGGERE	*distrussi,* ecc.	distrutto
DIVIDERE	*divisi,* ecc.	diviso
ELUDERE	*elusi,* ecc.	eluso
EMERGERE	*emersi,* ecc.	emerso
ERGERE	*ersi,* ecc.	erto

ERIGERE	*eressi,* ecc.	eretto
ESCLUDERE	*esclusi,* ecc.	escluso
ESIGERE	*esigei,* ecc.	esatto
ESPLODERE	*esplosi,* ecc.	esploso
ESTINGUERE	*estinsi,* ecc.	estinto
EVADERE	*evasi,* ecc.	evaso
FIGGERE	*fissi,* ecc.	fisso o fitto
FINGERE	*finsi,* ecc.	finto
FLETTERE	*flessi,* ecc.	flesso
FONDERE	*fusi,* ecc.	fuso
FRANGERE	*fransi,* ecc.	franto
FRIGGERE	*frissi,* ecc.	fritto
GIUNGERE	*giunsi,* ecc.	giunto
ILLUDERE	*illusi,* ecc.	illuso
IMMERGERE	*immersi,* ecc.	immerso
INCIDERE	*incisi,* ecc.	inciso
INCLUDERE	*inclusi,* ecc.	incluso
INDULGERE	*indulsi,* ecc.	indulto
INFLIGGERE	*inflissi,* ecc.	inflitto
INTRIDERE	*intrisi,* ecc.	intriso

INVADERE	*invasi,* ecc.	invaso
LEDERE	*lesi,* ecc.	leso
LEGGERE	*lessi,* ecc.	letto
METTERE	*misi,* ecc.	messo
MORDERE	*morsi,* ecc.	morso
MUNGERE	*munsi,* ecc.	munto
MUOVERE	*mossi,* ecc.	mosso
NASCONDERE	*nascosi,* ecc.	nascosto
OFFENDERE	*offesi,* ecc.	offeso
PERCUOTERE	*percossi,* ecc.	percosso
PERDERE	*persi,* ecc.	perso
PERSUADERE	*persuasi,* ecc.	persuaso
PIANGERE	*piansi,* ecc.	pianto
PORGERE	*porsi,* ecc.	pôrto
PREDILIGERE	*predilessi,* ecc.	prediletto
PREFIGGERE	*prefissi,* ecc.	prefisso
PRENDERE	*presi,* ecc.	preso
PROTEGGERE	*protessi,* ecc.	protetto
PUNGERE	*punsi,* ecc.	punto
RADERE	*rasi,* ecc.	raso

RECIDERE	*recisi,* ecc.	reciso
REGGERE	*ressi,* ecc.	retto
RENDERE	*resi,* ecc.	reso
REPRIMERE	*repressi,* ecc.	represso
RESPINGERE	*respinsi,* ecc.	respinto
RIDERE	*risi,* ecc.	riso
RIDURRE	*ridussi,* ecc.	ridotto
RIFULGERE	*rifulsi,* ecc.	rifulso
RISPONDERE	*risposi,* ecc.	risposto
RODERE	*rosi,* ecc.	roso
SCENDERE	*scesi,* ecc.	sceso
SCINDERE	*scissi,* ecc.	scisso
SCONFIGGERE	*sconfissi,* ecc.	sconfitto
SCORGERE	*scorsi,* ecc.	scorto
SCRIVERE	*scrissi,* ecc.	scritto
SCUOTERE	*scossi,* ecc.	scosso
SOMMERGERE	*sommersi,* ecc.	sommerso
SORGERE	*sorsi,* ecc.	sorto
SPARGERE	*sparsi,* ecc.	sparso
SPEGNERE	*spensi,* ecc.	spento

SPINGERE	*spinsi,* ecc.	spinto
SPORGERE	*sporsi,* ecc.	sporto
STRINGERE	*strinsi,* ecc.	stretto
STRUGGERE	*strussi,* ecc.	strutto
TENDERE	*tesi,* ecc.	teso
TERGERE	*tersi,* ecc.	terso
TINGERE	*tinsi,* ecc.	tinto
TORCERE	*torsi,* ecc.	torto
TRAFIGGERE	*trafissi,* ecc.	trafitto
UCCIDERE	*uccisi,* ecc.	ucciso
UNGERE	*unsi,* ecc.	unto
VINCERE	*vinsi,* ecc.	vinto
VOLGERE	*volsi,* ecc.	volto

II GRUPPO

Verbi con *desinenze diverse* al *passato remoto* o col *participio passato* in **-to**:

infinito	**passato remoto**	**part. pass.**
CONOSCERE	conobbi, conoscesti, conobbe, conoscemmo, conosceste, conobbero	conosciuto

CRESCERE	crebbi, crescesti, crebbe, crescemmo, cresceste, crebbero	cresciuto
NASCERE	nacqui, nascesti, nacque, nascemmo, nasceste, nacquero	nato
ROMPERE	ruppi, rompesti, ruppe, rompemmo, rompeste, ruppero	rotto

Verbi con forme **irregolari** in **tempi diversi:**

ADDURRE ([1]) - *Indicativo pres.*: adduco, adduci, ecc.

pass. rem.: addussi, adducesti, addusse, adducemmo, adduceste, addussero

fut. sempl.: addurrò, addurrai, ecc.

Condizion. pres.: addurrei, addurresti, ecc.

Participio pass.: addotto.

BERE - *Indicativo pres.*: bevo, bevi, beve, beviamo, bevete, bevono

imperf.: bevevo, bevevi, ecc.

pass. rem.: bevvi (o *bevetti*), bevesti, bevve (o *bevette*), bevemmo, beveste, bevvero (o *bevettero*)

([1]) - **Così pure:** ***condurre, indurre,*** **ecc.**

	fut. sempl.:	berrò, berrai, ecc.
	Condizion. pres.:	berrei, ecc.
	Participio pass.:	bevuto
CADERE	- *Indicativo pres.*:	cado, cadi, ecc.
	pass. rem.:	caddi, cadesti, cadde, cademmo, cadeste, caddero
	fut. sempl.:	cadrò, cadrai, ecc.
	Condizion. pres.:	cadrei, cadresti, ecc.
	Participio pass.:	caduto
CHIEDERE	- *Indicativo pres.*:	chiedo (o *chieggo*), chiedi, chiede, chiediamo, chiedete, chiedono (o *chieggono*)
	pass. rem.:	chiesi, chiedesti, chiese, chiedemmo, chiedeste chiesero
	Congiunt. pres.:	chieda, chieda, chieda (o *chiegga*), chiediamo, chiediate, chiedano (o *chieggano*)
	Participio pass.:	chiesto
COGLIERE [1]	- *Indicativo pres.*:	colgo, cogli, coglie, cogliamo, cogliete, colgono
	pass. rem.:	colsi, cogliesti, colse, cogliemmo, coglieste, colsero
	fut. sempl.:	coglierò, coglierai, ecc.

[1] Così pure: *accogliere, incogliere, raccogliere.*

	Congiunt. pres.:	colga, colga, colga, cogliamo, cogliate, colgano
	Imperativo:	cogli, colga, cogliamo, cogliete, colgano
	Participio pass.:	colto
COMPIERE	- *Indicativo pres.*:	compio, compi, ecc.
	Condizion. pres.:	compia, compia, ecc.
	imperf.:	compissi (o *compiessi*), ecc.
	Imperativo:	compi (*tu*), compia (*egli*) ecc.
	Gerundio:	compiendo
	Participio pass.:	compiuto
	Infinito:	compiere o compire
CUOCERE	- *Indicativo pres.*:	cuocio, cuoci, cuoce, cuociamo, cuocete, cuociono
	pass. rem.:	cossi, cocesti, cosse, ecc.
	Condizion. pres.:	cuocia, ecc.
	Participio pass.:	cotto
DIRE [1]	- *Indicativo pres.*:	dico, dici, dice, diciamo, dite, dicono
	imperf.:	dicevo, dicevi, ecc.
	pass. rem.:	dissi, dicesti, disse, dicemmo, diceste, dissero

(1) Appartiene alla seconda coniugazione perché deriva dal latino « dicere ».

	fut. sempl.:	dirò, dirai, ecc.
	Congiunt. pres.:	dica, dica, dica, diciamo, diciate, dicano
	imperf.:	dicessi, dicessi, dicesse, dicessimo, diceste, dicessero
	Condizion. pres.:	direi, diresti, ecc.
	Imperativo:	dì (*tu*), dica (*egli*), diciamo (*noi*), dite (*voi*), dicano (*essi*)
	Gerundio:	dicendo
	Participio pass.:	detto
DOLERE (dolersi)	- *Indicativo pres.*:	mi dolgo, ti duoli, si duole, ci dogliamo, vi dolete, si dolgono
	pass. rem.:	mi dolsi, ti dolesti, si dolse, ci dolemmo, vi doleste, si dolsero
	fut. sempl.:	mi dorrò, ti dorrai, ecc.
	Congiunt. pres.:	mi dolga, ti dolga, ecc.
	Condizion. pres.:	mi dorrei, ti dorresti, ecc.
	Imperativo:	duoliti (*tu*), duoletevi (*voi*),
	Participio pass.:	doluto (o *dolutosi*)
DOVERE	- *Indicativo pres.*:	devo (o *debbo*), devi, deve, dobbiamo, dovete, devono (o *debbono*)

	pass. rem.:	dovei (o *dovetti*), dovesti, dovè (o *dovette*), dovemmo, doveste, dovettero
	fut. sempl.:	dovrò, dovrai, ecc.
	Congiunt. pres.:	deva, deva, deva (o *debba*), dobbiamo, dobbiate, devano (o *debbano*)
	Condizion. pres.:	dovrei, dovresti, ecc.
	Participio pass.:	dovuto
FARE (1)	- *Indicativo pres.*:	faccio, fai, fa, facciamo, fate, fanno
	imperf.:	facevo, facevi, ecc.
	pass. rem.:	feci, facesti, fece, facemmo, faceste, fecero
	fut. sempl.:	farò, farai, ecc.
	Congiunt. pres.:	faccia, ecc.
	imperf.:	facessi, facessi, ecc.
	Condizion. pres.:	farei, faresti, ecc.
	Imperativo:	fa (*tu*), faccia (*egli*), facciamo (*noi*), fate (*voi*), facciano (*essi*),
	Gerundio:	facendo
	Participio pres.:	facente
	Participio pass.:	fatto

(1) Appartiene alla seconda coniugazione perché deriva dal latino « **facere** ». (Vedi a pag. 167 la coniugazione del verbo composto *sodisfare* o *soddisfare*).

GIACERE	- *Indicativo pres.*:	giaccio, giaci, giace, giaciamo, giacete, giacciono
	pass. rem.:	giacqui, giacesti, giacque, giacemmo, giaceste, giacquero
	Congiunt. pres.:	giaccia, giaccia, giaccia, giacciamo, giacciate, giacciano
	Imperativo:	giaci (*tu*), giaccia (*egli*), giacciamo (*noi*), giacete (*voi*), giacciano (*essi*).
	Participio pass.:	giaciuto
GODERE	- *Indicativo pres.*:	godo, godi, ecc.
	pass. rem.:	godei (o *godetti*), godesti, godette, godemmo, godeste, goderono (o *godettero*)
	fut. sempl.:	godrò, godrai, ecc.
	Condizion. pres.:	godrei, godresti, ecc.
	Participio pass.:	goduto
NUOCERE	- *Indicativo pres.*:	nuoccio, nuoci, nuoce, nociamo, nocete, nuocciono
	imperf.:	nocevo, ecc.
	pass. rem.:	nocqui, nocesti, nocque, nocemmo, noceste, nocquero
	Congiunt. pres.:	nuoccia, nuoccia, ecc.
	Participio pass.:	nociuto

PARERE	- *Indicativo pres.*:	paio, pari, pare, paiamo, parete, paiono
	pass. rem.:	parvi, paresti, parve, paremmo, pareste, parvero
	fut. sempl.:	parrò, parrai, ecc.
	Congiunt. pres.:	paia, paia, ecc.
	Condizion. pres.:	parrei, parresti, ecc.
	Participio pass.:	parso
PIACERE	- *Indicativo pres.*:	piaccio, piaci, piace, piaciamo, piacete, piacciono
	pass. rem.:	piacqui, piacesti, piacque, piacemmo, piaceste, piacquero
	Congiunt. pres.:	piaccia, piaccia, ecc.
	Participio pass.:	piaciuto
PORRE (1)	- *Indicativo pres.*:	pongo, poni, pone, poniamo, ponete, pongono
	pass. rem.:	posi, ponesti, pose, ponemmo, poneste, posero
	fut. sempl.:	porrò, porrai, ecc.
	Congiunt. pres.:	ponga, ponga, ponga, poniamo, poniate, pongano
	Condizion. pres.:	porrei, porresti, ecc.

(1) Così pure: *comporre, disporre, frapporre,* ecc. PORRE appartiene alla seconda coniugazione perché deriva dal latino « *ponere* ».

	Imperativo:	poni (*tu*), ponga (*egli*), poniamo (*noi*), ponete (*voi*), pongano (*essi*)
	Gerundio:	ponendo
	Participio pass.:	posto
POTERE	- *Indicativo pres.*:	posso, puoi, può, possiamo, potete, possono
	pass. rem.:	potei, potesti, potè, potemmo, poteste, poterono
	fut. sempl.:	potrò, potrai, ecc.
	Congiunt. pres.:	possa, ecc.
	Condizion. pres.:	potrei, potresti, ecc.
	Participio pass.:	potuto
RIMANERE	- *Indicativo pres.*:	rimango, rimani, rimane, rimaniamo, rimanete, rimangono
	pass. rem.:	rimasi, rimanesti, rimase, rimanemmo, rimaneste, rimasero
	fut. sempl.:	rimarrò, rimarrai, ecc.
	Congiunt. pres.:	rimanga, rimanga, rimanga, rimaniamo, rimaniate, rimangano
	Condizion. pres.:	rimarrei, rimarresti, ecc.
	Imperativo:	rimani (*tu*), rimanga (*egli*), rimaniamo (*noi*), rimanete (*voi*), rimangano (*essi*)
	Participio pass.:	rimasto

SAPERE -	*Indicativo pres.*:	so, sai, sa, sappiamo, sapete, sanno
	pass. rem.:	seppi, sapesti, seppe, sapemmo, sapeste, seppero
	fut. sempl.:	saprò, saprai, ecc.
	Congiunt. pres.:	sappia, ecc.
	Condizion. pres.:	saprei, sapresti, ecc.
	Imperativo:	sappi (*tu*), sappia (*egli*), sappiamo (*noi*), sappiate (*voi*), sappiano (*essi*)
	Participio pres.:	sapiente
	Participio pass.:	saputo
SCEGLIERE -	*Indicativo pres.*:	scelgo, scegli, sceglie, scegliamo, scegliete, scelgono
	pass. rem.:	scelsi, sceglieste, scelse, scegliemmo, sceglieste, scelsero
	Congiunt. pres.:	scelga, scelga, scelga, scegliamo, scegliate, scelgano
	Condizion. pres.:	sceglierei, sceglieresti, ecc.
	Participio pass.:	scelto
SCIOGLIERE -	*Indicativo pres.*:	sciolgo, sciogli, scioglie, sciogliamo, sciogliete, sciolgono
	pass. rem.:	sciolga, sciolga, sciolga, sciogliemmo, scioglieste, sciolsero

Congiunt. pres.: sciolga, sciolga, sciolga, sciogliamo, sciogliate, sciolgano

Condizion. pres.: scioglierei, scioglieresti, ecc.

Imperativo: sciogli (*tu*), sciolga (*egli*), sciogliamo (*noi*), scioglie-te (*voi*), sciolgano (*essi*)

Participio pass.: sciolto

SEDERE - *Indicativo pres.*: siedo (o *seggo*), siedi, sie-de, sediamo, sedete, sie-dono (o *seggono*)

pass. rem.: sedei (o *sedetti*), sedesti ecc.

Congiunt. pres.: sieda (o *segga*), sieda, sie-da, sediamo, sediate, sie-dano (o *seggano*)

Imperativo: siedi (*tu*), sieda (*egli*), se-diamo (*noi*), sedete (*voi*), siedano (*essi*)

Participio pass.: seduto

SVELLERE - *Indicativo pres.*: svello (o *svelgo*), svelli, svelle, svelliamo, svelle-te, svellono (o *svelgono*)

pass. rem.: svelsi, svellesti, svelse, svellemmo, svelleste, svel-sero

fut. sempl.: svellerò, svellerai, ecc.

	Congiunt. pres.:	svelga (o *svella*), ecc.
	Imperativo:	svelli (*tu*), svelga (*egli*), svelliamo (*noi*), svellete (*voi*), svelgano (*essi*)
	Participio pass.:	svelto
TACERE	- *Indicativo pres.*:	taccio, taci, tace,
	pass. rem.:	tacqui, tacesti, tacque, tacemmo, taceste, tacquero
	Congiunt. pres.:	taccia, taccia, ecc.
	Imperativo:	taci (*tu*), taccia (*egli*), taciamo (*noi*), tacete (*voi*), tacciano (*essi*)
	Participio pass.:	taciuto
TENERE (1)	- *Indicativo pres.*:	tengo, tieni, tiene, teniamo, tenete, tengono
	pass. rem.:	tenni, tenesti, tenne, tenemmo, teneste, tennero
	fut. sempl.:	terrò, terrai, ecc.
	Congiunt. pres.:	tenga, tenga, tenga, teniamo, teniate, tengano
	Condizion. pres.:	terrei, terresti, ecc.
	Imperativo:	tieni (*tu*), tenga (*egli*), teniamo (*noi*), tenete (*voi*), tengano (*essi*)
	Participio pass.:	tenuto

(1) Così pure: ***astenere, contenere, ritenere,*** ecc.

TOGLIERE [1] -	*Indicativo pres.*:	tolgo, togli, toglie, togliamo, togliete, tolgono
	pass. rem.:	tolsi, togliesti, tolse, togliemmo, toglieste, tolsero
	fut. sempl.:	toglierò, toglierai, ecc.
	Congiunt. pres.:	tolga, tolga, ecc.
	Condizion. pres.:	toglierei, toglieresti, ecc.
	Imperativo:	togli (*tu*), tolga (*egli*), togliamo (*noi*), togliete (*voi*), tolgano (*essi*)
	Participio pass.:	tolto

TRARRE [1] -	*Indicativo pres.*:	traggo, trai, trae, traiamo, traete, traggono
	pass. rem.:	trassi, traesti, trasse, traemmo, traeste, trassero
	fut. sempl.:	trarrò, trarrai, ecc.
	Congiunt. pres.:	tragga, tragga, tragga, traiamo, traiate, traggano
	Condizion. pres.:	trarrei, trarresti, ecc.
	Imperativo:	trai (*tu*), tragga (*egli*), ecc.
	Participio pass.:	tratto

---

(1) Così pure: *distogliere* e *ritogliere*.

(2) Così pure: *astrarre, contrarre, distrarre, protrarre, ritrarre,* ecc.

TRARRE appartiene alla seconda coniugazione perché deriva dal latino « *trahere* ».

VALERE -	*Indicativo pres.*:	valgo, vali, vale, valiamo, valete, valgono
	pass. rem.:	valsi, valesti, valse, valemmo, valeste, valsero,
	fut. sempl.:	varrò, varrai, ecc.
	Congiunt. pres.:	valga, valga, valga, valiamo, valiate, valgano
	Condizion. pres.:	varrei, varresti, ecc.
	Imperativo:	vali (*tu*), valga (*egli*)... valgano (*essi*)
	Participio pass.:	valso
VEDERE [1] -	*Indicativo pres.*:	vedo (o *veggo*), vedi, vede, vediamo, vedete, vedono (o *veggono*)
	pass. rem.:	vidi, vedesti, vide, vedemmo, vedeste, videro
	fut. sempl.:	vedrò, vedrai, ecc.
	Congiunt. pres.:	veda (o *vegga*) ecc. vediamo, vediate, vedano (o *veggano*)
	Condizion. pres.:	vedrei, vedresti, ecc.
	Imperativo:	vedi (*tu*), veda o vegga (*egli*) ecc... vedano o veggano (*essi*)
	Participio pass.:	veduto (o *visto*)

[1] Così pure: *rivedere*.

VIVERE [1]	- *Indicativo pres.*:	vivo, vivi, vive, viviamo, vivete, vivono
	pass. rem.:	vissi, vivesti, visse, vivemmo, viveste, vissero
	fut. sempl.:	vivrò, vivrai, ecc.
	Congiunt. pres.:	viva, viva, ecc.
	Condizion. pres.:	vivrei, vivresti, ecc.
	Participio pass.:	vissuto
VOLERE	- *Indicativo pres.*:	voglio, vuoi, vuole, vogliamo, volete, vogliono
	pass. rem.:	volli, volesti, volle, volemmo, voleste, vollero
	fut. sempl.:	vorrò, vorrai, ecc.
	Congiunt. pres.:	voglia, voglia, voglia, vogliamo, vogliate, vogliano
	Condizion. pres.:	vorrei, vorresti, ecc.
	Participio pass.:	voluto

(1) Così pure: *convivere, rivivere.*

Verbi irregolari della terza coniugazione

Alla terza coniugazione appartengono **pochi verbi irregolari** ed anche questi si allontanano dalla forma regolare in più voci con **temi diversi** e **desinenze diverse.**

I GRUPPO

infinito	**ind. - pass. remoto**	**part. pass.**
APRIRE	aprii (o *apersi*) apristi, aprì (o *aperse*) aprimmo, apriste aprirono (o *apersero*)	*aperto*
COPRIRE	coprii (o *copersi*) copristi, coprì (o *coperse*) coprimmo, copriste, coprirono (o *copersero*)	*coperto*
OFFRIRE	offrii (od *offersi*) offristi, offrì (od *offerse*) offrimmo, offriste, offrirono (od *offersero*)	*offerto*

SEPPELLIRE	seppellii, seppellisti, seppellì, seppellimmo, seppelliste, seppellirono	*sepolto*
SOFFRIRE	soffrii (o *soffersi*) soffristi, soffrì (o *sofferse*) soffrimmo, soffriste, soffrirono (o *soffersero*)	*sofferto*

II GRUPPO

APPARIRE	- *Indicativo pres.*:	appaio (o *apparisco*), appari (o *apparisci*), appare (o *apparisce*), appariamo, apparite, appaiono (o *appariscono*)
	pass. rem.:	apparii (o *apparvi*), apparisti, apparì (o *apparve*), apparimmo, appariste, apparirono (o *apparvero*)
	Congiunt. pres.:	appaia (o *apparisca*) ecc.
	Imperativo:	appari, appaia, appariamo, apparite, appaiano
	Participio pass.:	apparso
ASSALIRE	- *Indicativo pres.*:	assalgo, assali, assale, assaliamo, assalite, assalgono
	pass. rem.:	assalii, assalisti, ecc.
	Congiunt. pres.:	assalga, ecc.
	Participio pass.:	assalito

CUCIRE	- *Indicativo pres.*:	cucio, cuci, cuce, cuciamo, cucite, cuciono
	Congiunt. pres.:	cucia, ecc.
MORIRE	- *Indicativo pres.*:	muoio, muori, muore, moriamo, morite, muoiono
	fut. sempl.:	morrò (o *morirò*), morrai (o *morirai*) morrà (o *morirà*), ecc.
	Congiunt. pres.:	muoia, muoia, muoia, moriamo, moriate, muoiano
	Condizion. pres.:	morrei (o *morirei*), ecc.
	Participio pass.:	morto
SALIRE	- *Indicativo pres.*:	salgo, sali, sale, saliamo, salite, salgono
	pass. rem.:	salii, salisti, salì, ecc.
	Congiunt. pres.:	salga, salga, salga, saliamo, salite, salgano
	Imperativo:	sali (*tu*), ecc.
	Participio pass.:	salito
UDIRE	- *Indicativo pres.*:	odo, odi, ode, udiamo, udite, odono
	fut. sempl.:	udirò (o *udrò*), udirai (o *udrai*), ecc.
	Congiunt. pres.:	oda, oda, oda, udiamo, udiate, odano
	Condizion. pres.:	udirei (o *udrei*), udiresti (o *udresti*) ecc.

	Imperativo:	odi (*tu*), oda (*egli*), udite (*voi*), ecc.
	Participio pass.:	udito
USCIRE	- *Indicativo pres.*:	esco, esci, esce, usciamo, uscite, escono
	Congiunt. pres.:	esca, esca, esca, usciamo, usciate, escano
	Imperativo:	esci (*tu*), esca (*egli*), usciamo (*noi*), uscite (*voi*), escano (*essi*)
	Participio pass.:	uscito
VENIRE (1)	- *Indicativo pres.*:	vengo, vieni, viene, veniamo, venite, vengono
	pass. rem.:	venni, venisti, venne, venimmo, veniste, vennero
	fut. sempl.:	verrò, verrai, ecc.
	Congiunt. pres.:	venga, venga, venga, veniamo, veniate, vengano
	Condizion. pres.:	verrei, verresti, ecc.
	Imperativo:	vieni (*tu*), venga (*egli*), venite (*voi*), vengano (*essi*)
	Participio pass.:	venuto

(1) Così pure: ***convenire, divenire, pervenire, prevenire.***

VERBI DIFETTIVI

Si chiamano verbi *difettivi* quelli che mancano (difettano) di alcune (o di molte) voci.

ESEMPI: I verbi **DELINQUERE - FUNGERE - STRIDERE** hanno tutte le voci meno il **participio passato.** Mancando del participio passato, **non** hanno, di conseguenza, **tempi composti.**

Il verbo **LEDERE** invece ha soltanto il **presente, l'imperfetto indicativo** e **congiuntivo** e il **participio passato** (*leso*).

Gran parte dei verbi difettivi si usano molto raramente nel linguaggio comune: vengono usati soltanto in poesia.

Verbi difettivi mancanti del participio passato e che, di conseguenza, **non hanno tempi composti:**

CERNERE	nei **tempi semplici** si coniuga come:						*Credere*
COMPETERE	»	»	»	»	»	»	*Credere*
CONCERNERE *	»	»	»	»	»	»	*Credere*
CONVERGERE	»	»	»	»	»	»	*Emergere*
DELINQUERE	»	»	»	»	»	»	*Credere*
DIRIMERE	»	»	»	»	»	»	*Credere*
DISCERNERE	»	»	»	»	»	»	*Credere*
DIVERGERE	»	»	»	»	»	»	*Emergere*
ESIMERE	»	»	»	»	»	»	*Credere*

(*) CONCERNERE e SUGGERE mancano anche del *passato remoto.*

ESPANDERE	nei **tempi semplici** si coniuga come:						*Credere*
FULGERE	»	»	»	»	»	»	*Rifulgere*
FUNGERE	»	»	»	»	»	»	*Pungere*
INDULGERE	»	»	»	»	»	»	*Rifulgere*
SCERNERE	»	»	»	»	»	»	*Credere*
SPANDERE	»	»	»	»	»	»	*Credere*
STRIDERE	»	»	»	»	»	»	*Credere*
SUGGERE	»	»	»	»	»	»	*Credere*

Verbi difettivi con indicazione delle **voci usate,** delle **mancanti** e di quelle **da sostituire:**

	significato	*voci usate, voci mancanti e da sostituire*
ADDIRSI	confarsi	- Si addice, si addicono - si addiceva, si addicevano - si addica, si addicano - si addicesse, si addicessero
AGGRADARE	piacere	- Aggrada
ANGERE	angustiare	- Ange - angeva
ARDIRE	osare	- Le voci: *ardiamo* - *ardiate* - *ardendo* - *ardente* vanno sostituite con le voci corrispondenti del verbo OSARE: *osiamo* - *osiate* - *osando* - *osante* (per non confonderle con quelle del verbo: *Ardere*).

ARROGERE	aggiungere	- Arroge - arrogi
ATTERRIRE	spaventare	- Le voci: *atterriamo - atterriate* ecc. vanno sostituite con le voci corrispondenti del verbo SPAVENTARE (per non essere confuse con quelle del verbo *Atterrare*)
BEARE	far felice	- Manca della *prima persona plurale* del *presente indicativo* e della *prima e seconda persona* del *presente congiuntivo*.
CONSTARE	essere formato	- Consta - constava.
DIVELLERE	staccare con forza	- Usato nell'indicativo, passato remoto: *divelsi,* ecc. nell'infinito: *divellere* e nel participio passato: *divelto.*
FERVERE	ardere, esser vivo bollire	- Ferve, fervono - ferveva, fervevano - fervesse, fervessero - fervente - fervendo.
INCOMBERE	spettare	- Si usa nelle *terze persone.* Manca del *passato remoto* e del *participio passato.*

Ledere	offendere	- Ha il *presente* e l'*imperfetto indicativo* e *congiuntivo* e il participio passato: *leso*.
Ostare	impedire	- Osta.
Prudere	dar prurito	- Prude, prudono - prudeva, prudevano - pruderà, pruderanno, - pruda, prudano - prudesse, prudessero - pruderebbero - prudendo.
Urgere	premere, incalzare	- Urge, urgono - urgeva, urgevano - urgerà, urgeranno - urgesse, urgessero - urgente - urgendo
Vertere	volgere, riguardare	- Si usa nelle *terze persone* singolari e plurali dei *tempi semplici*. Nel gerundio: *vertendo* e nel participio presente: *vertente*.
Vigere	essere in vigore	- Vige, vigono - vigeva, vigevano - vigerà, vigeranno - vigesse, vigessero - vigente - vigendo.

VERBI IMPERSONALI

Si chiamano verbi *impersonali* quelli che **esprimono un'azione che non può essere attribuita** ad alcuna determinata persona.

ESEMPIO: se noi diciamo: *Oggi* **nevica** *molto forte,* possiamo attribuire a qualcuno l'azione di nevicare? No. Perciò il verbo **nevicare** è impersonale.

I verbi *impersonali* si usano soltanto nella **terza persona singolare** *di tutti i tempi,* nell'**Infinito** e nel **Gerundio.**

ESEMPIO: coniugazione del verbo: **piovere**

TEMPI SEMPLICI

Indicativo	PRESENTE (3ª pers. sing.)	piov-**e**
Indicativo	IMPERFETTO (3ª pers. sing.)	piov-**eva**
Indicativo	PASSATO REMOTO (3ª pers. sing.)	piovv-**e**
Indicativo	FUTURO SEMPLICE (3ª pers. sing.)	piov-**erà**
Congiuntivo	PRESENTE (3ª pers. sing.)	piov-**a**
Congiuntivo	IMPERFETTO (3ª pers. sing.)	piov-**esse**
Condizionale	PRESENTE (3ª pers. sing.)	piov-**erebbe**
Infinito	PRESENTE	piov-**ere**
Gerundio	PRESENTE	piov-**endo**

Sono *impersonali* tutti i verbi che indicano **fenomeni atmosferici.**

ESEMPI: Piovere — Lampeggiare
Nevicare — Tempestare
Grandinare — Diluviare *ecc.*

Nei *tempi composti* si coniugano con l'ausiliare **essere.**

ESEMPI: **E'** piovuto - **Era** nevicato

Si possono però coniugare anche con l'ausiliare **avere** *quando è indicata la durata del fenomeno.*

ESEMPI: **Ha** piovuto tutto il giorno.
Ha grandinato per due ore.

*
* *

Si considerano *impersonali* anche i verbi che esprimono: **apparenza, necessità, convenienza, avvenimento,** ecc.

ESEMPI: *sembrare* — **Sembra** che siano felici
accadere — **Bisogna** lavorare
capitare — **Capita** spesso
necessitare — **Occorre** studiare
parere, ecc. — **Conviene** tacere

Nei *tempi composti* si coniugano con l'ausiliare **essere.**

ESEMPI: **E'** parso utile - **E'** sembrato opportuno

FORME IMPERSONALI

Diventano *impersonali* i verbi **transitivi** e **intransitivi** (non **riflessivi**) nella **terza persona singolare.**

a) preceduta dal pronome **si**

ESEMPI: **Si** dice - **Si** crede - **Si** racconta - **Si** parla, *ecc.*

b) preceduta da una voce del verbo **essere**

ESEMPI: **E'** vietato - **Sarà** permesso - **Fu** concesso

Impersonalmente può essere usata la **terza persona singolare** del verbo **essere** accompagnata da un **aggettivo.**

ESEMPI: **E'** giusto - **Sarà** necessario - **Fu** facile

TAVOLA RIASSUNTIVA DEI VERBI

TRANSITIVI (l'azione espressa dal verbo passa direttamente sull'oggetto **che la riceve**).	*Forme*	ATTIVA l'azione è fatta dal soggetto PASSIVA l'azione è ricevuta dal soggetto RIFLESSIVA l'azione si riflette sul soggetto
INTRANSITIVI (l'azione espressa dal verbo rimane nel soggetto che la compie)	*Unica forma*	**Attiva**
AUSILIARI		**Essere** e **Avere** (coniugazione propria). Servono a formare i tempi composti degli altri verbi.
REGOLARI		Seguono la coniugazione dei verbi modello: **amare - credere - sentire**
IRREGOLARI		Nella coniugazione, si allontanano dalle forme dei verbi regolari modello.
DIFETTIVI		Nella coniugazione, mancano di alcune o di molte voci.
IMPERSONALI		Esprimono un'azione che non può essere attribuita ad alcuna persona. Si usano soltanto nella **terza persona singolare,** nell'**infinito** e nel **gerundio.**
SERVILI		**Dovere - Potere - Volere** (acquistano un preciso valore di azione solo quando sono uniti ad un altro verbo all'infinito).
COMPOSTI		Sono formati dal verbo unito ad un avverbio o preposizione, o prefisso, ecc.
SOVRABBONDANTI		Appartengono a **due coniugazioni** perché, pur avendo un solo tema, hanno, all'infinito, **due desinenze.**

L'AVVERBIO

Avverbio significa posto accanto al verbo.

Infatti l'*avverbio* è quella parola che si pone vicino al verbo per **determinarne, completarne** o **modificarne** il significato.

ESEMPIO: — Ada legge **attentamente.**
(**attentamente** è un avverbio e serve a completare il significato del verbo: *leggere*).

L'*avverbio* può anche completare, modificare il significato di un *aggettivo* o di un altro *avverbio.*

ESEMPI: — I gerani sono **molto** belli.
(**molto** è un avverbio e modifica il senso dell'aggettivo: *belli*).

ESEMPI: — Tu leggi **troppo** lentamente.
(**troppo** è un avverbio e modifica il senso dell'altro avverbio: *lentamente*).

Gli *avverbi* possono essere:

di LUOGO

(dove - donde - qui - qua - giù - laggiù - su - dentro - dovunque - lì - là - colà - lassù - presso - lungi - sotto - sopra - vicino - lontano - accanto - altrove - costì - dinanzi - fuori - dietro - avanti - quassù - quaggiù - dappertutto)

— Rispondono alla domanda: **dove?** E indicano il **luogo** in cui avviene un'azione.

ESEMPI: Io lavoro **laggiù** - **Qui** abita mia sorella - Andiamo **lontano** - Che fai **lassù?** - Vieni **vicino** - Guarda **fuori** - Andate **avanti** - **Costì** fa freddo.

di TEMPO

(ieri - oggi - domani - presto - tardi - ora - stamane - stanotte - stasera - subito - dopo - prima - sempre - mai - finora - adesso - poi - poscia - giammai - spesso - tosto - ormai - frattanto - dapprima - dianzi - talvolta - spesso - raramente - *ecc.*)

— Rispondono alla domanda: **quando?** E indicano il **tempo** in cui avviene un'azione.

ESEMPI: E' partito **oggi** - Sono partito **stamane** - Verrò **subito** - Ti ricorderò **sempre** - Sei arrivata **tardi** - Vieni più **spesso** - Parti al più **presto** - L'ho visto **dianzi** - La vedo **raramente**

di QUANTITA'

(poco - molto - toppo - tanto - più - assai - nulla - alquanto - quanto - meno - pochissimo - moltissimo - abbastanza - *ecc.*)

— Rispondono alla domanda: **quanto?** E indicano una quantità o una misura.

ESEMPI: Tu lavori **troppo** - Egli studia **poco** - Dormo **moltissimo** - Ora mangio **abbastanza** - Olga legge **molto**

di AFFERMAZIONE

(sì - appunto - sicuro - certo - certamente - sicuramente - precisamente)

— **Sì,** nelle risposte, sostituisce un'intera frase.

ESEMPI: — Hai studiato? — **Sì** (= *sì, ho studiato*).
— Partirai? — **Sicuramente**.
— Verrai da me? — **Sì, certo**.

di NEGAZIONE

(no - non - nemmeno - neppure - *ecc.*)

— **No,** nelle risposte, sostituisce un'intera frase.

ESEMPI: — Hai letto? — **No** (= *no, non ho letto*).
— Verrai? — **Non** verrò.

di **DUBBIO**

(forse - probabilmente - possibilmente)

ESEMPI: **Forse** arriverà - **Probabilmente** partirò - Verrai? **Possibilmente...**

di **MODO** o **MANIERA**

— La maggior parte di essi deriva da aggettivi qualificativi. Si formano aggiungendo all'aggettivo il suffisso: **mente.**

(felicemente - brevemente - lentamente - galantemente - velocemente - dolcemente - giustamente - seriamente - cautamente - debolmente - *ecc.*)

— Rispondono alla domanda: **come?... in che modo?** Ed indicano il modo con cui si compie un'azione, o si esprime una cosa.

ESEMPI: Ti saluto **caramente** - Ti scriverò **brevemente** - Andremo **velocemente** - Procedi **cautamente** - Parlo **seriamente** - Imparerò **facilmente**

— Hanno quasi sempre il **comparativo** ed il **superlativo.**

ESEMPI: Andrò **più lentamente** - Imparerò **più facilmente** - Lo farò **velocissimamente**

a) Alcuni avverbi hanno una forma propria:

(bene - male - meglio - peggio - adagio - invano - apposta - volentieri - benissimo - malissimo - benino - benone - maluccio - *ecc.*)

ESEMPI: L'hai fatto **bene** - Devi farlo **meglio** - Cerca di andare **adagio** - Andrò **volentieri** - Tutto è stato detto **invano** - Sto **benino** - Starai **benone!** - Scrivi **malissimo**

b) Alcuni hanno la stessa forma degli aggettivi:

(forte - piano) *con comparativo e superlativo.*

ESEMPI: Parla **forte** - Andate **piano**
Leggi **più forte** - Parla **pianissimo**

c) Alcuni avverbi di maniera derivano da nomi o da verbi ed hanno la desinenza « **-oni** ».

(indicano atteggiamenti del corpo)

ESEMPI: — bocco-**oni** (dal nome: *bocca*)
— ginocchi-**oni** (dal nome: *ginocchio*)
— tast-**oni** (dal verbo: *tastare*)
— penzol-**oni** (dal verbo: *penzolare*)

d) Sono avverbi di **modo** anche:

(come - così) *nella forma interrogativa ed esclamativa.*

ESEMPI: — **Come** (= *in qual modo*) ti trovi?
— **Come** (= *in qual modo*) stai?
— **Così** (= *in questo modo*) hai detto?
— **Così** (= *in questo modo*) si dice!

Locuzioni (o modi di dire) avverbiali

Talvolta, invece di usare i semplici avverbi, usiamo espressioni formate da due o più parole (con valore di avverbio). Queste espressioni si chiamano **locuzioni, avverbiali.**

ESEMPI: Non andare **in fretta** - Piove **a catinelle** - Verrò **fra poco** - Scappa **a gambe levate** - Vengono **da ogni parte** - Parleremo **a quattr'occhi** - Stiamo **all'erta** - Arrivò **per caso**

Come vedete, sono formate da nomi, aggettivi o avverbi preceduti da preposizioni, usate nel discorso con valore **avverbiale.**

(Nel fare l'analisi grammaticale bisogna far bene attenzione a riconoscerle per non commettere l'errore di analizzare le singole parole separatamente).

Le **locuzioni avverbiali** possono essere:

di **modo o maniera**

ESEMPI: all'insaputa - a crepapelle - alla cieca - a squarciagola - alla larga - a casaccio - alla rinfusa - a vicenda - alla svelta - a precipizio - all'antica - all'impazzata - in panciolle - alla fin fine - in fretta - in fretta e furia - di malavoglia - a poco a poco - alla buona - a malincuore

di **luogo**

ESEMPI: di sopra - di dentro - di sotto - di fuori - di mezzo - all'intorno - in ultimo - in ogni parte

di **tempo**

ESEMPI: all'improvviso - in seguito - ad un tratto - poco fa - di buon'ora - fra poco - per quanto tempo? - per sempre - fin da quando? - fino ad ora - nel frattempo - da quando? - per tempo

di **quantità**

ESEMPI: a bizzeffe - poco per volta - all'ingrosso - in gran numero - al minuto

di **affermazione**

ESEMPI: senza dubbio - senza fallo - per l'appunto - di certo

di **negazione**

ESEMPI: per nulla niente affatto

di **dubbio**

ESEMPI: se mai... - per caso - per avventura

Osservazioni

Attenzione a non confondere gli **avverbi** con gli **aggettivi.**

Nel fare l'analisi grammaticale dovete ricordare che:

1. E' **avverbio** quando *accompagna* un **verbo,** un **aggettivo** od un altro **avverbio.**
2. E' **aggettivo** quando *accompagna* un **nome.**

ESEMPI: poco - molto - troppo - tanto - altrettanto alquanto - parecchio

— possono essere **aggettivi indefiniti** (quindi *variabili*) e possono essere **avverbi** (quindi *invariabili*).

Sono **aggettivi**	Sono **avverbi**
— Abbiamo **poco** denaro	— Io mangio **poco**
— Ho **poca** fame	— Sei **molto** diligente
— Ho **molto** freddo	— Ada è **molto** *occupata*
— Hai **molti** libri	— Soffre **parecchio**
— **Parecchia** gente	— Spende **troppo**
— Sciupi **troppi** soldi	— Sto **poco** bene

Attenzione a non confondere gli **avverbi** con le **preposizioni.**

ESEMPI: sopra - sotto - prima - dopo - dentro - fuori - innanzi - insieme - *ecc.*

— sono **preposizioni** quando reggono un **sostantivo** od un **pronome;**

— sono **avverbi** quando modificano un **verbo.**

Sono **preposizioni**	Sono **avverbi**
— Il libro è **sotto** il banco	— Guarda **sotto.**
— **Fuori** di casa	— Corsi **fuori**
— **Prima** di te	— **Prima** studierò
— Andremo **insieme** con Ada	— Andremo **insieme**
— **Dopo** cena	— Verrò **dopo**
— **Innanzi** a me	— Procedeva **innanzi**

TAVOLA RIASSUNTIVA DEGLI AVVERBI

AVVERBI

di **luogo** (dove?)	*qua, là, su, giù, sopra, sotto, ecc.*
di **tempo** (quando?)	*ieri, oggi, domani, presto, tardi, ecc.*
di **quantità** (quanto?)	*poco, molto, troppo, assai, ecc.*
di **modo** (come?)	*bene, male, meglio, peggio, dolcemente*
di **affermazione**	*sì, certo, sicuro, ecc.*
di **negazione**	*no, non, nemmeno, ecc.*
di **dubbio**	*forse, probabilmente, ecc.*

LOCUZIONI AVVERBIALI

di **modo**	*a casaccio, in fretta, all'insaputa, ecc.*
di **luogo**	*di sopra, di fuori, in ogni parte, ecc.*
di **tempo**	*di buon'ora, fra poco, in seguito, ecc.*
di **quantità**	*a bizzeffe, in gran numero, ecc.*
di **affermazione**	*di certo, per l'appunto, ecc.*
di **negazione**	*per nulla, niente affatto, ecc.*
di **dubbio**	*se mai, per caso, ecc.*

LA PREPOSIZIONE

La *preposizione* è quella parte invariabile del discorso che serve ad unire due parole della stessa frase per indicare il rapporto, la relazione che passa fra esse.

ESEMPI: — I libri **di** Anna

di è una **preposizione** e serve ad unire le due parole: **libri** e **Anna** indicando la **relazione** (in questo caso *di possesso*) che la seconda ha con la prima.

— Domani vorrei andare **a** Venezia

a è una **preposizione** ed indica la **relazione** (in questo caso *di luogo*) fra le parole: andare e Venezia.

Le **preposizioni** si premettono: ai **nomi**, ai **pronomi**, ai **verbi** (all'infinito).

ESEMPI: Andremo **in campagna** - Verrai **da me** - Credo **di sapere**

Le preposizioni possono essere:

1. **Proprie**

a) *semplici*: **di - a - da - in - su - con -per - tra - fra**

b) *articolate*: quando alle preposizioni semplici uniamo gli articoli determinativi.

(*vedi specchietto a pag.* 214)

2. **Improprie**

a) Quelle derivate da altre parti del discorso. Possono assumere valore di **preposizione** alcuni **avverbi, aggettivi** e **participi.**

b) Se sono formate da più parole di varia natura si chiamano: **locuzioni prepositive.**

(*vedi specchietto a pag.* 216)

SPECCHIETTO DELLE PREPOSIZIONI PROPRIE

Preposizioni semplici	**Preposizioni articolate** (prep. sempl. + articoli: **il - lo - la - i - gli - le**)
di	del - dello - della dei - degli - delle
a	al - allo - alla ai - agli - alle
da	dal - dallo - dalla dai - dagli - dalle
in	nel - nello - nella nei - negli - nelle
su	sul - sullo - sulla sui - sugli - sulle
con	col - con le - con la coi (con i) - con gli - con le
per	per il - per lo - per la per i - per gli - per le
tra	tra il - tra lo - tra la tra i - tra gli - tra le
fra	fra il - fra lo - fra la fra i - fra gli - fra le

ESEMPI:

- La casa **di** Anna
- Pensi **a** me
- Vengo **da** te
- Verrò **in** città
- Vieni **con** me
- Lo faccio **per** te
- Non discutiamo **su** fatti politici
- Ritornerò **fra** due giorni

- La casa **del** professore
- Penso **allo** studio
- Il Po nasce **dal** Monviso
- Ciò avvenne **nel** Medioevo
- Andò **col** nonno
- Parlo **per il** tuo bene
- Raccoglieremo fiori **sui** monti
- L'incontro avverrà **fra la** primavera e l'estate.

ATTENZIONE nell'uso delle preposizioni:

non si può dire:	**si deve dire:**
— **d'**affittare	— **da** affittare
— **a** nome di...	— **in** nome di...
— **al** più presto possibile	— **il** più presto possibile
— vestire **in** rosa	— vestire **di** rosa
— cento lire **al** chilo	— cento lire **il** chilo
— mille lire **all'**ora	— mille lire **l'**ora
— giacca **in** pelle	— giacca **di** pelle
— negoziante **in** libri	— negoziante **di** libri
— un uomo **a** nome Aldo	— un uomo **di** nome Aldo
— riceverai **a** mezzo di...	— riceverai **per** mezzo di...
— lo danno **a** gratis	— lo danno gratis
— **a** corpo a corpo	— corpo a corpo
— **in** riguardo...	— riguardo...
— l'ho visto **a** parlare con...	— l'ho visto parlare con...
— terreno **a** vendere	— terreno **da** vendere
— Ada ha **delle** belle mani	— Ada ha belle mani
— statua **in** bronzo	— statua **di** bronzo
— spaghetti **alle** vongole	— spaghetti **con le** vongole
— bistecche **al** marsala	— bistecche **col** marsala
— poco **a** poco	— **a** poco **a** poco
— parto insieme **allo** zio	— parto insieme **con lo** zio
— passeggio insieme **al** nonno	— passeggio insieme **col** nonno
— **al di qua** del fiume	— **di qua dal** fiume
— **al di là** del mare	— **di là dal** mare

Preposizioni improprie

Possono assumere valore di preposizioni alcuni aggettivi, participi, avverbi. Si chiamano *preposizioni improprie.*

Le principali sono:

lungo	accanto	circa
vicino	avanti	malgrado
lontano	davanti	fuori
rasente	dietro	sopra
durante	contro	sotto
nonostante	presso	intorno
secondo	mediante	verso
prima	oltre	circa
dopo	innanzi	senza
insieme		

Locuzioni prepositive

Sono formate da preposizioni semplici o articolate insieme con sostantivi, aggettivi, avverbi o altre preposizioni).

Esempi:		
	ad onta di...	in luogo di...
	a causa di...	in quanto a...
	a guisa di..	in mezzo a...
	a prezzo di...	in cima a...
	a favore di...	in presenza di...
	all'infuori di...	per opera di...
	a somiglianza di...	per motivi di...
	di qua da...	per mezzo di...
	di là dal...	sul conto di...

ESEMPI: — Parlo **a favore di** mio zio
— Andremo **di là dal** mare
— **In mezzo alla** gente
— **A causa della** neve...
— **All'infuori di** mio padre...
— **Di qua dal** torrente...
— Ti manderò il libro **per mezzo di** un mio scolaro

ATTENZIONE: non confondere *le preposizioni* con gli **avverbi.**

Le **preposizioni** reggono sempre **un nome** o **un pronome.**

Gli **avverbi** modificano il significato dei **verbi.**

ESEMPI:

— *Dopo* cena farò i compiti	(**dopo** è **preposizione** perché preecde il **nome:** cena)
— Tua sorella passeggiava *avanti* a me.	(**avanti** è **preposizione** perché regge un **pronome**)
— Studieremo *dopo*	(**dopo** è avverbio perché modifica la voce **verbale:** studieremo).

Altri esempi di parole con funzione **avverbiale** e con funzione **prepositiva.**

Sono **preposizioni:**	Sono **avverbi:**
— Viaggeremo **insieme con** loro	— Viaggeremo **insieme**
— **Dietro** la villa c'è l'orto	— Andate **dietro**
— **Fuori di** casa fa caldo	— **Fuori** fa caldo
— Egli è venuto **prima di** noi	— Egli è venuto **prima**
— **Prima di** pranzo e **dopo** cena farò i compiti	— **Prima** farò i compiti e **dopo** andrò al cinema
— Aldo procedeva **innanzi a** me	— Aldo procedeva **innanzi**

TAVOLA RIASSUNTIVA DELLE PREPOSIZIONI

PREPOSIZIONI	**Proprie**	SEMPLICI	*a, di, da, in, con, su, per, fra, tra*
		ARTICOLATE	*al, del, dal, nel, col, sul*
	Improprie		*sopra, sotto, prima, dopo, vicino, presso, lontano, ecc.*
Locuzioni prepositive:			*a causa di..., in cima a..., per mezzo di..., di là dal..., ecc.*

LA CONGIUNZIONE

La *congiunzione* serve ad unire (a congiungere) due parole, o due pensieri, o i vari pensieri di cui è formato un discorso.

ESEMPI: — Anna **e** Paolo studiano
(la congiunzione **e** unisce i due nomi: *Anna-Paolo*)
— Boby è un cane brutto, **ma** buono
(la congiunzione **ma** unisce i due aggettivi: *brutto-buono*)
— Ti scriverò **o** ti telefonerò.
— Aldo non è partito, **perché** pioveva
(la congiunzione **perché** unisce due pensieri)

Le **congiunzioni** si distinguono in:

1. **Coordinative**

Quando uniscono due parole di uno stesso pensiero e due pensieri indipendenti.

ESEMPI: — Ada **e** Paolo leggono
— Parti **o** rimani?
— Nevica, **perciò** non parto

2. **Subordinative**

Quando uniscono due o più pensieri, dei quali uno dipende dall'altro.

ESEMPI: — Credo **che** egli menta
— Farò **come** mi piace
— Fate silenzio **quando** parlo

Congiunzioni coordinative

Si dividono in:

COPULATIVE

e - ed - anche - pure (affermative)
né - neanche - neppure (negative)
(servono a congiungere due o più idee tra di loro).

ESEMPI: — Io studio **e** lavoro
— Ada **ed** Ernesto leggono
— C'era **anche** la nonna
— Non ho tempo **nè** voglia
— **Nè** lui **nè** lei sono intelligenti.

DISGIUNTIVE

o - oppure - ovvero
(congiungono due concetti, uno dei quali esclude l'altro).

ESEMPI: — Scrivi **o** telefona
— Ti scriverò **oppure** ti telefonerò
— Presto **o** tardi chi non studia si pente
— Dobbiamo leggere **oppure** scrivere?

AVVERSATIVE

ma - però - anzi - pure - nondimeno - tuttavia - eppure
(congiungono due concetti diversi tra loro).

ESEMPI: — Ada va a scuola, **ma** non studia
— Sono stanco, **però** non cedo
— C'è molta nebbia; **tuttavia** partiremo
— Ha studiato, **eppure** non è stato promosso

DIMOSTRATIVE (o dichiarative)

cioè - infatti

(servono a spiegare meglio un'idea aggiungendone un'altra).

ESEMPI: — Lo studio della sintassi, **cioè** lo studio del coordinamento delle parole nel discorso, è molto importante
— L'oro è un metallo prezioso; **infatti** tutti lo cercano

CONCLUSIVE

dunque - perciò - quindi - pertanto - sicché

(congiungono due idee di cui una è la conclusione dell'altra).

ESEMPI: — Tu parti; io **dunque** rimarrò solo
— Piove, **perciò** non parto.
— Siete giovani, **quindi** lavorate
— Hai studiato, **pertanto** avrai un premio

Congiunzioni subordinative

TEMPORALI

quando - mentre - finché - allorché - dacché

(esprimono una relazione di tempo).

ESEMPI: — Scrivimi **quando** arriverai
— Tacete **mentre** io parlo
— **Finchè** c'è salute si può lavorare
— **Dacchè** sei partita sono malinconico

FINALI

perché - affinché - acciocché
(esprimono lo scopo, il fine).

ESEMPI: — Sarà punito **perchè** (= *affinchè*) si possa correggere
— Parlo ad alta voce **affinchè** tutti mi sentano

CAUSALI

perché - poiché - giacché - siccome
(esprimono una causa).

ESEMPI: — Non parto **perchè** (= *causa la...*) c'è troppa nebbia
— Farò ciò che vorrai **poichè** me lo imponi.
— **Siccome** piove, non esco

CONCESSIVE

sebbene - quantunque - benché - nonostante ancorché
(esprimono un fatto, una circostanza nonostante la quale avviene ciò che si è detto precedentemente o susseguentemente).

ESEMPI: — **Sebbene** studi, impara poco
— **Quantunque** sia tardi, continuerò a studiare
— **Benchè** piovesse, non ci siamo bagnati
— **Nonostante** fossi stanco, continuai a camminare
— Studierà, **sebbene** non ne abbia voglia

CONDIZIONALI

se - purché - qualora
(indicano una condizione).

ESEMPI: — **Se** avrò tempo andrò in montagna
— Ti accompagnerò a teatro **purchè** tu sia bravo
— **Qualora** piovesse rimarrei in città

MODALI

come - comunque

(esprimono un concetto di modo o maniera).

ESEMPI: — Non so **come** (= *in che modo*) Cecilia sia riuscita ad essere promossa
— Fai **come** ti ho detto
— **Comunque** vadano le cose io sono tranquillo

CONSECUTIVE

che - così che - tanto che - di modo che talmente che

(esprimono una conseguenza).

ESEMPI: — Anna è **così** buona **che** tutti le vogliono bene
— Mi pregò **tanto che** accettai
— E' **talmente** generoso **che** tutti ne approfittano

DICHIARATIVE

che - come (= che)

(servono a spiegare un concetto).

ESEMPI: — So **che** tu mi vuoi bene
— Credo **che** il maestro non venga
— Certuni pensano **che** Marte sia abitato
— Dimostrerò **come** tutti debbano sentirsi contenti di fare del bene

ECCETTUATIVE

eccetto - tranne - fuorché - senonché - salvo che

(esprimono un'eccezione o una limitazione).

ESEMPI: — C'erano tutti **eccetto** te
— Ho letto tutti i libri che mi hai dato, **tranne** uno
— Ci saremo tutti **fuorchè** Rina
— Verrei volentieri, **senonchè** ho molto da studiare

INTERROGATIVE e DUBITATIVE

perché - se

(introducono un'interrogazione o un dubbio).

ESEMPI: — Dimmi **perchè** hai fatto questo
— Non so **se** tu abbia detto la verità
— Ti chiedo **se** il professore è ammalato
— Non so **se** partirò

*

* *

Osservazioni

Attenzione a non sbagliare nell'analisi delle congiunzioni.

Come abbiamo osservato una congiunzione ha valore grammaticale diverso, secondo come è usata.

a) **Perché,** può essere:

congiunzione	*causale*:	— Non parto **perchè** piove
»	*finale*:	— Glielo dico **perchè** impari
»	*interrogativa*:	— Dimmi **perchè** non studi

b) **Se,** può essere:

congiunzione	*condizionale*:	— **Se** hai coraggio, presentati
»	*dubitativa*:	— Non so **se** imparerò

c) **Che,** può essere:

congiunzione	*dichiarativa*:	So **che** sei buona
»	*consecutiva*:	— E' tanto caritatevole **che** tutti l'ammirano
»	*dubitativa*:	— Temo **che** tu non riesca

ATTENZIONE a non confondere il « *che* » congiunzione con il « *che* » pronome relativo.

a) **Che** (congiunzione) è sempre preceduto da un **verbo.**

ESEMPI: — So (verbo: *sapere*) **che** tu mi vuoi bene
— Spero (verbo: *sperare*) **che** tu venga

b) **Che** (pronome relativo) è preceduto da un **nome** o da un **pronome** ed è sostituibile con: **il quale, la quale,** ecc.).

ESEMPI: — La ragazza **che** (= *la quale*) studia sarà promossa
— Porta in chiesa i fiori **che** hai raccolto

LOCUZIONI CONGIUNTIVE

Quando le *congiunzioni* sono formate da **più parole unite** si chiamano: **locuzioni congiuntive.**

ESEMPI: di modo che... - dato che... - appena che... - fino a che... - nel caso che... - a patto che... - ogni volta che... - a meno che...

TAVOLA RIASSUNTIVA DELLE CONGIUNZIONI

COORDINATIVE	Copulative	affermative	*e, ed, anche, pure*
		negative	*nè, neanche, neppure*
	Disgiuntive		*o, oppure, ovvero*
	Avversative		*ma, però, anzi, pure, eppure, nondimeno, tuttavia*
	Dimostrative		*cioè, infatti*
	Conclusive		*dunque, perciò, quindi, pertanto, sicchè*
SUBORDINATIVE	Temporali		*quando, mentre, finché, allorché, dacché*
	Finali		*perchè, finchè, acciocchè*
	Causali		*perchè, poichè, giacchè, siccome*
	Concessive		*sebbene, quantunque, benché, nonostante, ancorché*
	Condizionali		*se, purchè, qualora*
	Modali		*come, comunque*
	Consecutive		*che, così... che, tanto... che, talmente... che*
	Dichiarative		*che, come*
	Eccettuative		*eccetto, tranne, fuorché, senonché, salvo che*
	Interrogative e Dubitative		*perchè, se*

Locuzioni congiuntive *di modo che, appena che, dato che, ecc.*

L'INTERIEZIONE

Le *interiezioni* (o esclamazioni) servono ad esprimere un moto dell'animo.

Possono esprimere:

Gioia	Ah! - Oh!
Dolore	Ah! - Ahi! - Ohi! - Ahimè! - Ohimè!
Meraviglia	Ah! - Uh! - Eh! - Oh!
Incoraggiamento	Via! - Orsù! - Suvvia!
Impazienza	Auff! - Uff!
Disprezzo	Poh! - Puh!
Preghiera	Deh!
Entusiasmo	Viva! - Evviva!
Dubbio	Mah!

Diverse parole possono assumere valore di *interiezione* quando siano pronunciate in *tono esclamativo.*

ESEMPI: Bene! Bravo! Coraggio! Animo! Peccato!
Salute! Misericordia! Pazienza! Accidenti! Arrivederci!

ed altre, sempre seguite dal punto esclamativo.

Si considerano *interiezioni* alcune:

LOCUZIONI ESCLAMATIVE
(formate da due o più parole)

ESEMPI: Dio mio! Povero me! Che gioia! Che sorpresa! Che noia! Che piacere! Che vergogna! Che disgusto! Al diavolo! Alto là Santo cielo! Fortunato lui! Santa pazienza! Dio ci salvi! Per amor del cielo! Si salvi chi può

INTERIEZIONI IMITATIVE

Si chiamano *interiezioni imitative* quelle parole, o raggruppamenti di lettere, con le quali cerchiamo di *imitare alcuni suoni* o voci di animali.

ESEMPI: din-don! - tic-tac! - miao! - bau! - chicchirichi! - coccodè! - *ecc.*

TAVOLA RIASSUNTIVA
DELLE PARTI VARIABILI DEL DISCORSO

Nome	concreto astratto comune proprio collettivo	
Articolo	determinativo indeterminativo	
Aggettivo	QUALIFICATIVO	
	DETERMINATIVO	possessivo dimostrativo indefinito interrogativo esclamativo numerale
Pronome	personale possessivo dimostrativo relativo interrogativo indefinito	
Verbo	di GENERE	transitivo intransitivo
	di FORMA	attiva passiva riflessiva

TAVOLA RIASSUNTIVA DELLE PARTI INVARIABILI DEL DISCORSO

Avverbio	di luogo	
	di tempo	
	di quantità	
	di affermazione	
	di negazione	
	di dubbio	
	di modo	
Congiunzione	COORDINATIVA	copulativa
		disgiuntiva
		avversativa
		dimostrativa
		conclusiva
	SUBORDINATIVA	temporale
		finale
		causale
		concessiva
		condizionale
		modale
		consecutiva
		dichiarativa
		eccettuativa
		interrogativa
Preposizione	propria	
	impropria	
Interiezione		

L'ANALISI GRAMMATICALE

Per fare l'*analisi grammaticale* `dobbiamo scomporre la frase *parola per parola,* classificare ogni parola in *una delle nove parti del discorso* ed indicare: *genere* e *numero* (se si tratta di nome, pronome, aggettivo); *modo, tempo* e *persona* (se si tratta di verbo).

Esempi di analisi grammaticale

— Leopardi fu un grande poeta.

Leopardi	(*nome proprio di persona*)
fu	(*voce del verbo essere, modo indicativo, tempo passato remoto, terza persona singolare*)
un	(*articolo indeterminativo, maschile, singolare*)
grande	(*aggettivo qualificativo di grado positivo, maschile, singolare*)
poeta	(*nome comune di persona, maschile, singolare*)

— La nonna lavora lentamente.

La	(*articolo determinativo, femminile, singolare*)
nonna	(*nome comune di persona, femm. singolare*)
lavora	(*voce del verbo « lavorare » modo indicativo, tempo presente, terza persona, singolare*)
lentamente	(*avverbio di modo*)

— Tu partirai domani con Antonio e andrai lontano.

Tu	(*pronome personale*)
partirai	(*voce del verbo « partire », modo indicativo, tempo futuro, seconda persona singolare*)
domani	(*avverbio di tempo*)
con	(*preposizione semplice*)
Antonio	(*nome proprio di persona*)
e	(*congiunzione*)
andrai	(*voce del verbo « andare »* [*c.s*])
lontano	(*avverbio di luogo*)

PARTE III

ELEMENTI DI SINTASSI

(studio dell'unione delle parole)

DIFFERENZA FRA ANALISI GRAMMATICALE ED ANALISI LOGICA

Mentre fare l'**analisi grammaticale** vuol dire *trovare la funzione grammaticale* che la parola ha nella proposizione, ossia vedere a quale parte del discorso appartiene (se è un *nome,* un *aggettivo,* un *pronome,* un *verbo,* ecc.), fare l'**analisi logica** invece vuol dire *trovare la funzione logica* che la parola ha nella proposizione, ossia vedere se la parte del discorso è **soggetto, predicato, complemento,** ecc.

(*vedere esempi di analisi logica a pag.* 258)

SINTASSI SEMPLICE

LA PROPOSIZIONE

Per esprimere il nostro pensiero ci serviamo delle parole. L'unione di alcune parole, con senso compiuto, si chiama: **proposizione.**

Perciò la *proposizione* non è altro che **un pensiero od un giudizio della nostra mente espresso con parole.**

ESEMPI: — Giulia piange
— Cesira studia
— La mamma lavora
— Antonio scrive
— Donato tace
— Ottorino beve
— Giorgio pensa

(con l'unione di queste poche parole ho espresso sette pensieri **a senso compiuto** ed ho quindi formato sette **proposizioni**).

Per formare queste proposizioni mi sono servito di *due soli elementi*: il **soggetto** e il **predicato** (*indispensabili* per esprimere *compiutamente* anche il più semplice dei nostri pensieri).

Perciò nella proposizione sono *essenziali due elementi*:

1. il **soggetto** (che è la persona o la cosa di cui si parla).
2. il **predicato** (che è ciò che si dice del soggetto).

ESEMPI:

— Giorgio studia	**Giorgio** è la persona di cui parlo, perciò è **soggetto** **studia** è ciò che dico di Giorgio, perciò è **predicato**
— Il fiore sboccia	**Il fiore** è la cosa di cui parlo, perciò è **soggetto** **sboccia** è ciò che dico del fiore, perciò è **predicato**

IL SOGGETTO

Può essere *soggetto* di una proposizione non soltanto un **nome** (come abbiamo visto nei precedenti esempi) ma anche un **pronome**, un **aggettivo**, un **avverbio**, ecc. *Qualsiasi parte del discorso* può assumere le funzioni del **soggetto,** come lo dimostrano i seguenti

ESEMPI:

— **Io** parlo	**io** (*pronome*) è **soggetto**
— **Voi** ascoltate	**voi** (*pronome*) è **soggetto**
— I **buoni** sono pochi	i **buoni** (*aggettivo sostantivato*) è **soggetto**
— Il **domani** è buio	il **domani** (*avverbio*) è **soggetto**
— Il **perchè** lo sai	il **perchè** (*congiunzione*) è **soggetto**
— Il **fumare** nuoce	il **fumare** (*verbo*) è **soggetto**
— **Errare** è umano	**errare** (*verbo*) è **soggetto**
— Il **bello** piace	il **bello** (*aggettivo*) è **soggetto**
— **La** è un articolo	**la** (*articolo*) è **soggetto**
— **Per** è preposizione	**per** (*prepos. semplice*) è **soggetto**
— **Ahi**, è un'esclamazione di dolore	**ahi** (*esclamazione*) è **soggetto**
— **Tre** è un numero	**tre** (*aggettivo numerale*) è **soggetto**

Spesso il **soggetto** può essere **sottinteso.**

ESEMPI:

— Studiai molto	(**io,** *soggetto sottinteso*)
— Partiremo domani	(**noi,** *soggetto sottinteso*)
— Tornerà presto	(**egli,** *soggetto sottinteso*)
— Vadano al diavolo!	(**essi,** *soggetto sottinteso*)

Quando in una proposizione il soggetto non è espresso ma *sottinteso* lo si trova facilmente esaminando la **voce del verbo.**

ESEMPIO - *Nella preposizione*:

— Studiai molto	chi ha compiuto l'azione di studiare? **io** (perciò, **io** è il *soggetto sottinteso*)

IL PREDICATO

(Da *predicare,* nel senso di: **dire**). Infatti, come abbiamo già visto nei precedenti esempi, il **predicato è ciò che si dice del soggetto.**

Più precisamente è una *forma verbale,* che indica quale azione compie il **soggetto** e quando la compie.

ESEMPI:

— Le ragazze **lavorano**	**lavorano** è il **predicato,** cioè la forma verbale che indica l'azione di « lavorare » che compie il **soggetto** (*le ragazze*) nel tempo presente
— I bimbi **giocarono**	**giocarono** è il **predicato,** cioè la forma verbale che indica l'azione di « giocare » compiuta dal **soggetto** (*i bimbi*) nel tempo passato.
— Gli alunni **studieranno**	**studieranno** è il **predicato,** cioè la forma verbale che indica l'azione di « studiare » che compirà il **soggetto** (*gli alunni*) nel tempo futuro

Il **predicato** è di due specie:
verbale e **nominale.**

Predicato verbale

Si chiama *predicato verbale* quando è formato da una voce di *qualsiasi verbo che indichi un'azione,* un sentimento o un modo di essere del soggetto (cioè da un verbo che abbia *senso compiuto*).

ESEMPI:

— Anna **studia**	Anna (*soggetto*) studia (*pred verbale*)
— Il maestro **insegna**	Il maestro (*soggetto*) insegna (*pred. verbale*)

ESEMPI:

— La mamma **sorride**	La mamma (*soggetto*) sorride (*pred. verbale*)
— Giorgio **soffre**	Giorgio (*soggetto*) soffre (*pred. verbale*)
— Il gatto **dorme**	Il gatto (*soggetto*) dorme (*pred. verbale*)

Predicato nominale

Si chiama *predicato nominale* quando è formato da una voce del verbo **essere** accompagnata da un **sostantivo,** da un **aggettivo,** da **un avverbio...** o da qualsiasi altra parte del discorso **usata come sostantivo.** (Cioè accompagnata da una parola che dia un **senso compiuto** al verbo **essere**).

In *analisi logica* la voce del verbo **essere** si chiama: **copula** (che significa: *legame, unione*), e la parola che la segue (l'aggettivo, il nome, ecc.), si chiama: **nome del predicato,** cioè: *predicato nominale.*

ESEMPI:

— Anna (*sogg.*) **era distratta** (*pred. nom.*)	**era** (*copula*) **distratta** (*nome del predicato*)
— Questo (*sogg.*) **è troppo** (*pred. nom.*)	**è** (*copula*) **troppo** (*nome del predicato*)
— Noi (*sogg.*) **siamo giovani** (*pred. nom.*)	**siamo** (*copula*) **giovani** (*nome del predicato*)
— Le ragazze (*sogg.*) **erano tre** (*pred. nom.*)	**erano** (*copula*) **tre** (*nome del predicato*)
— Il libro (*sogg.*) **è mio** (*pred. nom.*)	**è** (*copula*) **mio** (*nome del predicato*)

Osservazioni

Il verbo **essere** è predicato verbale solo quando significa: *esistere, stare, (trovarsi)*. Negli altri casi serve a formare il predicato nominale.

ESEMPI:

— Dio **è**	**è = esiste,** perciò è predicato verbale
— In casa **v'erano** molte persone	**v'erano = si trovavano,** perciò è predicato verbale

ATTENZIONE, a non confondere il **predicato verbale** con il **predicato nominale.**

Quando nel predicato vi è una voce del verbo *essere* bisogna ricordare che:

1. E' **predicato verbale** quando la parola che segue la voce verbale è un **participio passato.**
2. E' **predicato nominale** negli altri casi.

ESEMPI:

— Le ragazze **sono partite**	**sono partite:** predicato verbale, perché **«partite»** è **participio passato** del verbo « partire »
— Le ragazze **sono studiose**	**sono studiose:** predicato nominale, perché **« studiose »** è **« aggettivo »**

Ricordare che in analisi logica i **verbi servili** (*volere, potere, dovere*) formano **un solo predicato** con l'**infinito** che segue.

ESEMPI:

— Anna **vuole studiare**	(**vuole studiare:** *pred. verbale*)
— Tu **devi leggere**	(**devi leggere:** *pred. verbale*)
— Noi **possiamo andare**	(**possiamo andare:** *pred. verb.*)

ALTRI ELEMENTI DELLA PROPOSIZIONE

Complementi - Attributo - Apposizione

I COMPLEMENTI

Come abbiamo visto, gli elementi essenziali di una proposizione sono: il **soggetto** e il **predicato**. Ma non sempre riusciamo con questi due soli elementi ad esprimere compiutamente il nostro pensiero. Per meglio esprimerlo, per **completarlo** dobbiamo aggiungere altre parole, che si chiamano **complementi.**

ESEMPIO:

— Anna legge	Anna: *soggetto* legge: *predicato*

Con questa proposizione ci limitiamo ad esprimere **chi compie** l'azione e **quale azione** compie. Ci limitiamo ad indicare l'azione di « *leggere* » compiuta da *Anna.* Ma se vogliamo completare il nostro pensiero e dire **come, quando, cosa, dove** e **perchè** Anna legge, dobbiamo aggiungere i **complementi.**

ESEMPI:

— Anna legge (*come?*) **attentamente**	**attentamente** è un *complemento* ed indica il modo in cui Anna compie l'~~azione di~~ leggere
— Anna legge (*dove?*) **a letto**	**a letto** è un *complemento* ed indica in quale luogo Anna compie l'azione di leggere

ESEMPI:

— Anna legge (*quando?*) **di notte**	**di notte** è un *complemento* e indica il tempo in cui Anna compie l'azione di leggere
— Anna legge (*che cosa?*) **le poesie**	**le poesie** è un *complemento* ed indica ciò che Anna legge
— Anna legge (*a che scopo?*) **per imparare**	**per imparare** è un *complemento* ed indica lo scopo per cui Anna compie l'azione di leggere

Naturalmente possiamo anche aggiungere altre parole, cioè altri complementi, alla proposizione.

ESEMPI:

— Anna legge **le poesie di Ada Negri**	in questa proposizione vi sono **due complementi:** 1. **le poesie,** complemento che indica **cosa** legge Anna 2. **di Ada Negri,** complemento che *specifica* di chi sono le poesie che Anna legge
— Anna legge **le poesie di Ada Negri, in biblioteca**	**in biblioteca,** è un altro *complemento* che indica il luogo *dove* Anna legge

Riassumendo, la proposizione può essere formata di *due soli elementi* (essenziali): **soggetto** e **predicato;** oppure di più elementi: **soggetto, predicato** e **complementi.**

— Anna	(*soggetto*)
legge	(*predicato*)
le poesie di Ada Negri in biblioteca	(*complementi*)

I *complementi* sono quindi elementi della proposizione che *servono a completare* l'espressione del nostro pensiero, a completare il senso della proposizione.

Il complemento può essere:

Diretto o Indiretto

1. Si chiama **complemento diretto** quello che, con il solo articolo, si unisce **direttamente** al verbo (cioè senza bisogno di preposizioni).

ESEMPI: — Tu ami **gli animali**
— Otto beve **il vino**
— Io ammiro **la virtù**
— Il contadino lavora **i campi**
— Ho scritto **una lettera**
— Ho letto **un libro**

2. Si chiama **complemento indiretto** quello che si unisce al verbo o ad un nome **per mezzo** di **preposizioni** semplici o articolate.

ESEMPI: — La casa **di Ada** è bella
— Andremo **a Venezia**
— Partiremo **da Milano**
— Vado **in automobile**
— Dobbiamo obbedire **ai genitori**
— Io esco **con Nerina**
— Si mangia **per vivere**

Complemento oggetto o diretto

Il complemento **oggetto** o **diretto** indica la persona o la cosa su cui cade **direttamente** (cioè, come abbiamo detto, senza l'aiuto di una preposizione) l'azione compiuta dal soggetto ed espressa da un verbo **transitivo attivo.**

Risponde alle domande: **chi? - che cosa?**

Esempi:

— Il maestro ha punito (*chi?*) **Aldo**	Il maestro (*soggetto*) ha punito (*predicato verb.*) **Aldo** (*complemento oggetto*)
— Io amo (*chi?*) **la mamma**	Io (*soggetto*) amo (*predicato verbale*) **la mamma** (*compl. oggetto*)
— Anna ha studiato (*che cosa?*) **la poesia**	Anna (*soggetto*) ha studiato (*predicato verb.*) **la poesia** (*compl. oggetto*)
— Ho scritto (*che cosa?*) **un libro**	Io (*soggetto sottinteso*) ho scritto (*predicato verb.*) **un libro** (*compl. oggetto*)
— **I bimbi** desiderano (*che cosa?*) **giocare**	**I bimbi** (*soggetto*) desiderano (*predicato verb.*) **giocare** (*compl. oggetto*)
— Dimmi (*che cosa?*) **il perchè**	Tu (*soggetto sottinteso*) dimmi (*predicato verb.*) **il perchè** (*compl. oggetto*)

Come vediamo in questi esempi, non soltanto il nome, ma **qualsiasi parte del discorso** (i *nomi* Aldo, mamma, libro; il *verbo* giocare; la *congiunzione* perché), possono avere la funzione di **complemento oggetto.**

L'ATTRIBUTO

(da: *attribuire,* che vuol dire: *assegnare*)

L'**attributo** è un aggettivo che si unisce al nome per meglio qualificarlo o determinarlo.

ESEMPI:

— Ada è una **bella** ragazza	con l'aggettivo *bella* io **attribuisco** una qualità (quella della bellezza) al nome *ragazza.* Perciò **bella** è un **attributo**
— Gli alunni **diligenti** studiano con attenzione	**diligenti** è un **attributo** e determina la qualità del nome *alunni*

Attributo può essere qualunque aggettivo: qualificativo, possessivo, dimostrativo, numerale, indefinito.

ESEMPI: — I ragazzi **buoni** amano i genitori
— **Questi** fiori sono bellissimi
— **Molti** alunni erano assenti
— I **tuoi** quaderni sono sciupati
— Ho comperato **tre** vestiti
— Ho letto **alcuni** libri

L'**attributo** può riferirsi a qualsiasi elemento della proposizione: al soggetto, al predicato, ai complementi.

ESEMPI:

— L'uomo **onesto** è sereno	l'attributo: **onesto** è riferito al **soggetto:** *uomo.* In questo caso si chiama **attributo del soggetto**
— Il cane è un animale **intelligente**	l'attributo: **intelligente** è riferito al **predicato.** In questo caso si chiama: **attributo del pred. nominale**
— Ho comperato un libro **bellissimo**	l'attributo: **bellissimo** è riferito al **complemento oggetto:** *libro.* In questo caso si chiama: **attributo del complemento oggetto**

L'APPOSIZIONE

(da: *apporre* = porre vicino, aggiungere)

L'**apposizione** è un **nome** che si aggiunge ad un altro nome per meglio determinarlo, per meglio specificarlo.

ESEMPIO: — Il **commediografo** Carlo Goldoni, nacque a Venezia nel 1707
(commediografo - *apposizione* - serve a determinare il **nome:** *Carlo Goldoni*)

L'**apposizione** compie le stesse funzioni dell'*attributo* e può riferirsi al *soggetto* e a *qualsiasi complemento.* Ma non bisogna dimenticare che l'**attributo** *è sempre un* **aggettivo** mentre l'**apposizione** *è sempre un* **sostantivo.** E naturalmente, come sostantivo, può a sua volta avere un attributo o più attributi.

ESEMPI: — Giacomo Leopardi, **grande poeta,** nacque a Recanati nel 1798
(grande poeta: *apposizione*)

— Dante Alighieri, **nostro immortale poeta,** morì a Ravenna nel 1321
(nostro immortale poeta: *apposizione*)

L'**apposizione** è spesso preceduta dalla preposizione **da**, dalla congiunzione **come** e da varie locuzioni.

ESEMPI: — Pio X, **da giovane,** era studiosissimo
(da giovane: *apposizione*)

— Cesare, **come capitano,** era invincibile
(come capitano: *apposizione*)

— L'ozio, **padre dei vizi,** rovina molti uomini
(padre dei vizi: *apposizione*)

Complementi indiretti

Si dicono **indiretti** i complementi sui quali cade **indirettamente** (cioè per mezzo delle preposizioni) l'azione espressa dal verbo, o quelli che per mezzo delle preposizioni, completano il senso di un nome.

ESEMPI: — Olga scrisse **ai genitori**
— Il desiderio **della ricchezza** è immenso

I complementi **indiretti** sono parecchi, di varie specie, e possono indicare circostanze varie di modo, di tempo, di luogo, di causa, ecc.

Rispondono alle domande: **a chi? - a che cosa? - di chi? - di che cosa? - da chi? - da che cosa? - dove? - come? - quando? - perché? - in che modo? - in che tempo?** - ecc.

Essi prendono nome diverso, secondo la domanda a cui rispondono.

I principali **complementi indiretti** sono:

di SPECIFICAZIONE

(serve a *specificare* l'idea espressa dal nome che lo precede)

Risponde alle domande: **di chi? - di che cosa?**

ESEMPI: — Il professore **d'italiano** è troppo indulgente
— La casa **di Ada** è bella
— Le vie **della città** sono strette
— Il fiore **d'arancio** è profumato
— E' il vincitore **della gara**

di TERMINE

(indica la persona, l'animale o la cosa su cui *va a terminare l'azione* espressa dal verbo)

Risponde alle domande: **a chi? - a che cosa?**

ESEMPI: — Darò questo geranio **a Rosy**
— Riferirò tutto **al maestro**
— Dobbiamo essere fedeli **agli amici**
— Il denaro occorre **a tutti**
— Ho spedito una lettera **al Ministero**

di COMPAGNIA

(indica la persona, l'animale o la cosa *insieme con la quale si compie un'azione*)

Risponde alle domande: **con chi? - con che cosa?**

ESEMPI: — Anna è partita **con il suo professore**
— Ada è uscita **con il cane**
— Andrà a Lecce **insieme con la mamma**
— Partirà **in compagnia di amici**

di MODO o MANIERA

(indica il *modo o la maniera con cui si compie un'azione*)

Risponde alle domande: **come? - in che modo?**

ESEMPI: — Io studio **con passione**
— Ti ascolto **con attenzione**
— Tutti leggono **troppo in fretta**
— Paola arrivò **di corsa**
— Lo dissi **in tono scherzoso**
— Mi parlò **con gentilezza**

di **CAUSA**

(indica la causa, *il motivo per cui si compie* — o non si compie — *un'azione*)

Risponde alle domande: **perchè? - per quale motivo? - per quale ragione?**

ESEMPI: — Non è uscito **per pigrizia**
— Fu punito **per la sua negligenza**
— Tremavo **dal freddo**
— Morirono **di fame**
— Andrò al mare **per motivi di salute**

di **MEZZO** o **STRUMENTO**

(indica la persona o la cosa *per mezzo della quale si compie una data azione*)

Risponde alle domande: **con che cosa? - per mezzo di chi? - con quale mezzo? - per opera di chi?**

ESEMPI: — Scrivo **con la matita**
— Ti avvertirò **per mezzo di mio zio**
— Manderò il pacco **per via aerea**
— Feci il percorso **in treno**
— Vado **in automobile**

di **LUOGO**

(indica relazioni, *circostanze varie di luogo*)

Può indicare: un luogo **in cui si sta** o **si agisce**; un luogo **in cui si va;** un luogo **da cui si viene;** un luogo **per il quale si passa.**

ESEMPI: — Vivo **a Milano**
— Vado **a Venezia**
— Vengo **da Torino**
— Passo **per Genova**

Perciò può essere:

a) di **STATO in LUOGO**

(quando indica il luogo *dove uno si trova o dove avviene un'azione*)

Risponde alle domande: **dove ? - in che luogo?**

ESEMPI: — Rimango **in città**
— Anna era **nel bosco**
— Aldo abita **a Bari**
— Ti aspetto **a casa**

b) di **MOTO a LUOGO**

(quando indica il *luogo in cui si va* o *verso il quale* ci si dirige)

Risponde alle domande: **dove? - verso qual luogo?**

ESEMPI: — Andiamo **in giardino**
— Torniamo **a casa**
— Saliamo **sull'albero**
— L'aereo arrivò **a Roma**
— Aldo si reca **a scuola**
— Vado **dalla zia**

c) di **MOTO da LUOGO**

(quando indica *il luogo* **dal quale** *si viene*)

Risponde alle domande: **da dove? - da qual luogo?**

ESEMPI: — Anna uscì **di casa**
— Vengo **dalla chiesa**
— Partimmo **dal paese**
— Ritornammo **dal mare**
— Salpiamo **da Genova**

d) di **MOTO per LUOGO**

(indica *il luogo* **attraverso il quale** *si passa* per raggiungere un altro luogo)

Risponde alle domande: **per dove? - attraverso dove? - per qual luogo?**

ESEMPI: — L'Adige passa **per Verona**
— Passiamo **per la piazza**
— Passò **attraverso i prati**
— Il passaggio **per quella via** è vietato

di **TEMPO**

(indicano relazioni e circostanze varie di tempo)

1. **Tempo determinato**

(indica il *tempo preciso in cui* è avvenuta, *avviene* od avverrà *un'azione*)

Risponde alla domanda: **quando?**

ESEMPI: — **In primavera** tutto rifiorisce
— Dante nacque **nel 1265**
— L'America fu scoperta **nel 1492**
— Lo vidi **il mese scorso**
— **Nell'anno 1821** morì Napoleone
— Parto **oggi**
— **D'inverno** fa freddo
— Tornerò **venerdì**

2. Tempo continuato

(indica la *durata di un'azione*)

Risponde alle domande: **quanto tempo? - per quanto tempo?**

ESEMPI: — Giacomo Leopardi visse **dal 1798 al 1837**
— Ho parlato **per due ore**
— Ho studiato **per vent'anni**
— **Per due secoli** l'Italia fu sotto la dominazione dei Longobardi
— Rimarrò a Venezia **due mesi**

3. Altri **complementi di tempo,** rispondono alle domande: **fra quanto tempo? - da quanto tempo? - ogni quanto tempo? - quanto tempo fa? - quanto tempo prima? - quanto tempo dopo? - in quanto tempo? - fino a quando?**

ESEMPI: — Arriverò **fra un mese**
— Non ti vedo **da tre mesi**
— **Ogni due mesi** vado a Venezia
— Si laureò **due anni fa**
— La conobbi **due anni prima** della laurea e la rividi **due anni dopo**
— **In pochi anni** imparai molte cose
— Rimarrò a Milano **fino a Marzo**

4. **Complemento di tempo** che indica la **contemporaneità** *di un'azione rispetto ad un'altra*

ESEMPIO: — **Durante la vostra assenza,** mi preparai agli esami

5. **Complemento di tempo** che indica **l'età**

(si può esprimere in vari modi)

ESEMPI: — Giovanni Pascoli morì a **cinquantasette anni**
— E' una ragazza **di vent'anni**
— Incominciò a leggere **a cinque anni**

di **PARAGONE**

(dipende da un aggettivo di grado *comparativo*)

ESEMPI: — Il platino è più prezioso **dell'oro**
— Egli è (*tanto*) buono **quanto suo fratello**
— Anna è più studiosa **di Aldo**
— Aldo è meno buono **di Anna**
— Questo frutto è aspro **come il limone**

di **MATERIA**

(indica la *materia di cui una cosa è composta*)

ESEMPI: — Un abito **di lana**
— Un orologio **d'oro**
— Una sciarpa **di seta**

di **ARGOMENTO**

(indica l'*argomento sul quale si parla* o si scrive)

ESEMPI: — Parliamo **di arte**
— Discutono **di politica**
— Platone scrisse un libro **sull'immortalità** dell'anima

di **DISTANZA**

(indica lo *spazio esistente fra due luoghi*)

Risponde alla domanda: **quanto dista? - a che distanza?**

ESEMPI: — Como dista **cinquanta chilometri** da Milano
— Ci accamperemo **a ottocento metri** dal paese

di **VANTAGGIO o DANNO**

(indicano la *persona o la cosa a vantaggio o a danno della quale si compie un'azione*)

Rispondono alle domande: **a favore di chi? - per chi? - a danno di chi? - contro chi? - verso chi?**

ESEMPI: — Le case furono costruite **per** (*a favore di*) **i dipendenti**
— Combattere **per la patria**
— Parlo **in difesa di Anna**
— Catilina congiurò **contro il senato**

di **VOCAZIONE**

(indica la persona, o l'*essere,* o una cosa in senso figurato, *a cui rivolgiamo direttamente la parola*: che si chiama, che si invoca)

ESEMPI: — **O mamma,** perdonami!
— **Ragazzi,** ascoltatemi!
— **O Gesù,** aiutami!
— **Anna,** non mentire!
— **O Arte,** quante brutte cose si fanno in tuo nome!

di AGENTE

(indica *la persona o l'animale, da cui è fatta l'azione espressa dal verbo* di forma passiva, cioè chi *agisce* nella *proposizione passiva.* Infatti in una proposizione con un verbo passivo, *il soggetto non fa, ma riceve l'azione.* Chi **agisce** è il **complemento di agente**)

ESEMPI: — I figli sono adorati **dalla madre**
— I Galli furono vinti **da Cesare**
— Il mondo fu creato **da Dio**
— Olga è aiutata **da Aldo**
— Gli alunni sono premiati **dal Preside**
— La pecora è sbranata **dal lupo**

Quando l'azione è compiuta da una **cosa,** anziché da una persona, il *complemento* si chiama: **di causa efficiente.**

ESEMPI: — La terra è illuminata **dal sole**
— La casa fu distrutta **dal fuoco**
— La stanza è riscaldata **dalla stufa**

Osservazioni

Bisogna ricordare che nella trasformazione di una proposizione *attiva* in *passiva* (la forma attiva del verbo si cambia in passiva) **il complemento oggetto** *diventa* **soggetto** e il **soggetto** *diventa* **complemento di agente.**

ESEMPI:

forma attiva	forma passiva
— La maestra (*soggetto*) premia (*predicato verb. attivo*) Anna (*compl. oggetto*)	— Anna (*soggetto*) è premiata (*predicato verb. passivo*) dalla maestra (*complemento di agente*)

COME SI FA L'ANALISI LOGICA DI UNA PROPOSIZIONE

1. Cercare il **predicato** verbale o nominale.

2. Individuare il **soggetto** (cosa facile dopo aver trovato il predicato).

3. Analizzare le parti che si riferiscono al **soggetto**: attributo, apposizione.

4. Analizzare il **predicato** e le parti relative al predicato.

5. Se il verbo è transitivo attivo cercare il **complemento oggetto** e le parti che si riferiscono al complemento oggetto.

   Se il verbo è passivo cercare il **complemento di agente,** o di causa efficiente.

6. Analizzare gli altri complementi con i relativi attributi ed apposizioni.

ESEMPI DI ANALISI LOGICA

— Anna vuol imparare la musica

Anna	(*soggetto*)
vuol imparare	(*predicato verbale*)
la musica	(*compl. oggetto*)

— Dante nacque a Firenze nel 1265

Dante	(*soggetto*)
nacque	(*predicato verbale*)
a Firenze	(*compl. di luogo*)
nel 1265	(*compl. di tempo*)

— Leopardi, grande poeta italiano, è l'autore della « Ginestra »

Leopardi	(*soggetto*)
poeta	(*apposizione del soggetto*)
grande, italiano	(*attributi dell'apposizione del soggetto*)
è l'autore	(*predicato nominale*)
della Ginestra	(*compl. di specificazione*)

— Ascoltiamo con attenzione le lezioni dei professori

Noi	(*soggetto sottinteso*)
ascoltiamo	(*predic. verbale*)
con attenzione	(*compl. di modo*)
le lezioni	(*compl. oggetto*)
dei professori	(*compl. di specificazione*)

INDICE DI TUTTI I TERMINI CONTENUTI NELLA GRAMMATICA E LORO SIGNIFICATO

A

ACCENTO — In grammatica, l'accento è quel segno che indica la posa più marcata della voce sopra una sillaba (v. pag. 19)

AFFISSO — Vuol dire: **attaccato.**
In grammatica, è l'elemento che aggiunto ad una parola ne modifica il senso o il valore.
Gli *affissi* si distinguono in: **Prefissi** (ossia, messi prima della radice di una parola) e **Suffissi** (ossia, messi dopo la radice di una parola)

AGGETTIVO — E' una parola che spesso si aggiunge al sostantivo per meglio determinarlo (aggettivo determinativo) o per indicarne una qualità (aggettivo qualificativo) (v. pag. 70)

ALFABETO — Indica la serie delle lettere di una lingua disposte in un dato ordine (v. pag. 7)

ANALISI GRAMMATICALE — « *Analisi* » vuol dire: **scomposizione di un tutto nelle sue parti per studiarne gli elementi.**
L'analisi grammaticale è lo studio del valore grammaticale delle parole. Consiste nell'indicare a quale parte del discorso appartengono le varie parole di cui è composta una proposizione (nome, aggettivo, verbo, ecc. (v. pag. 38)

ANALISI LOGICA — L'*analisi logica* è lo studio della funzione delle parole nella proposizione e delle proposizioni nel periodo (la definizione del **soggetto,** del **predicato,** dei **complementi** (v. pag. 229)

APOCOPE — Vuol dire: **recisione, troncamento.** Togliere una lettera od una sillaba in fine di parola (v. pag. 21)

APOSTROFO — E' il segno ortografico che indica l'elisione di una vocale o di una sillaba in una parola (v. pag. 22)

APPOSIZIONE — Da **apporre,** che vuol dire: **porre vicino, aggiungere.**

Si chiama **« apposizione »** l'idea accessoria, ma non necessaria, che si aggiunge alla principale. Si esprime con un nome (con funzioni di aggettivo attributivo) o con una frase aggiunti a un altro nome per meglio determinarlo.

(Esempi: *Nerone,* **l'incendiario,** *visse... Leopardi,* **grande poeta,** *visse...*) (v. pag. 241)

ASTERISCO — Segno (con forma di stelletta) che serve da richiamo (v. pag. 28)

ASTRATTO — Che esiste solo in quanto è pensato (l'opposto di « concreto ») (v. pag. 39)

ATONO — Vuol dire: **senza accento** (l'opposto di tonico)

Si usa, in grammatica, per indicare una voce non accentata: « vocale **atona** »

ATTRIBUTO — Da: **attribuire,** che vuol dire: **assegnare.** In analisi logica vale come **aggettivo.** Esprime la qualità **attribuita** al soggetto. (Esempio: *I ragazzi* **studiosi** *leggono molto*) (v. pag. 240)

AVVERBIO — = Posto accanto al verbo.
L'**avverbio** è quella parte invariabile del discorso che completa o modifica il significato del verbo, dell'aggettivo, o di un altro avverbio. (Esempio: *Aldo legge* **raramente**) (v. pag. 202)

AUSILIARI — Da **ausilio,** che vuol dire: **aiuto.** Ausiliari, si chiamano, in grammatica, i verbi **essere** e **avere,** appunto perché vengono in aiuto nella coniugazione dei tempi composti degli altri verbi (v. pag. 122)

B

BISILLABO — Si chiama « **bisillabo** » la parola formata di **due sillabe.** Esempio: *so-le* (v. pag. 17)

C

COMPARATIVO — = Che serve a **comparare.**
E' un grado dell'aggettivo che designa accrescimento o diminuzione del grado positivo. Il comparativo ha in sè il valore di paragone. (Esempi: **più bello** *di*..., **meno bello** *di*...) (v. pag. 72)

COMPLEMENTO — Ciò che serve a rendere una cosa **compiuta.** In analisi logica, si chiama « **complemento** » quella parola o frase che serve a completare il senso dell'azione. (Esempio: *Aldo ubbidisce* **ai genitori**) v. pag. 236)

CONCRETO — In grammatica, si dice del nome (nome concreto) quando indica tutto ciò che possiamo vedere, toccare, sentire (v. pag. 39)

CONDIZIONALE = Che esprime **condizione.**
E' il modo del verbo che indica un'azione subordinata al verificarsi di una data condizione (v. pag. 115)

CONGIUNTIVO = Atto a **congiungere.**
E' il modo del verbo che indica un'azione possibile, ma non certa. Azione quasi sempre **congiunta** con altra dalla quale dipende (v. pag. 114)

CONIUGAZIONE Si chiama « **coniugazione** » l'insieme dei mutamenti ai quali va soggetto il **verbo**, secondo il modo, il tempo, la persona, il numero (v. pag. 215)

CONSONANTE = Che si accorda con altro suono.
Lettera dell'alfabeto che, da sola, ha suono indistinto. Per essere chiaramente pronunciata deve accompagnarsi ad una vocale. (Ed è perciò che si chiama « **consonante** », ossia « sonante insieme » - v. pag. 12)

COPULA Vuol dire **legame.**
In grammatica, si chiama « **copula** » quella particella che serve da **legame** tra il soggetto e l'attributo. Vedi il verbo **essere** nel predicato nominale (v. pag. 234)

D

DECLINAZIONE In grammatica, si chiama « **declinazione** » la flessione in genere e numero dei nomi, degli aggettivi, degli articoli e delle preposizioni articolate (v. pag. 34)

DESINENZA Si chiama « **desinenza** » la terminazione d'una parola, la parte che « finisce la parola ». (Esempio: *studi*-**are**) (v. pag. 112)

DETERMINATIVO = Che **determina,** o serve a determinare. In grammatica, si dice dell'articolo o dell'aggettivo, perché dà al sostantivo una particolare determinazione (v. pag. 64)

DIMOSTRATIVO = Che può **dimostrare.** In grammatica, si dice di aggettivo, o di pronome, quando indica relazioni di vicinanza o di lontananza (nello spazio o nel tempo) rispetto a chi parla o a chi ascolta. (Esempi: *questo, quello,* ecc. (v. pagg. 80-98)

DITTONGO Si chiama « **dittongo** » l'unione di **due vocali** che si pronunciano con una sola emissione di fiato. Le due vocali fanno parte della stessa sillaba. (Esempio: *p-***iu***-ma*) (v. pag. 11)

E

ELISIONE Da: **elidere,** che vuol dire: **toglier via, sopprimere.**

In grammatica, significa: togliere la vocale finale di una parola davanti alla vocale iniziale di un'altra (v. pag. 20)

ETIMOLOGIA E' lo studio dell'origine delle parole. (La derivazione di una parola da un'altra)

EUFONICO (Aggettivo di « **eufonia** »).

Eufonia: raddolcimento di pronuncia che si ottiene con un'accurata scelta ed unione delle parole, evitando suoni aspri.

F

FONETICA E' quella parte della grammatica che studia i suoni di una lingua.

FONOLOGIA	Lo studio del modo più corretto di esprimere i suoni con i segni dell'alfabeto (vedi pag. 7)
FUTURO ANTERIORE	E' il tempo del verbo che indica un'azione che avverrà nel futuro, prima di un'altra pure futura (v. pag. 118)
FUTURO SEMPLICE	E' il tempo del verbo che indica semplicemente un'azione che avverrà nel futuro in un tempo indeterminato (v. pag. 117)

G

GERUNDIO	Voce verbale uscente in: **ando** o in **endo.** Indica azione coordinata ad un'altra. (Esempi: studi-**ando** - *legg*-**endo**) (v. pag. 115)
GRAMMATICA	E' l'arte che insegna a parlare e a scrivere correttamente.
GUTTURALE	Suono **gutturale**: che si emette con la gola (v. pag. 12)

I

IATO	Si chiama « **iato** » l'incontro di una vocale dolce ed una aspra, oppure di due vocali aspre, non formanti un unico suono, cioè pronunciate separatamente. Le due vocali che formano « **iato** » appartengono a due sillabe diverse. Esempio: *r*e-a*l-tà*) (vedi pag. 10)
IMPERATIVO	E' uno dei modi del verbo. Il modo che esprime comando, o preghiera (v. pag. 115)

IMPERFETTO	E' il tempo del verbo che indica la continuità o il ripetersi di un'azione nel passato. Ed indica anche la contemporaneità con un'altra azione pure avvenuta del passato (v. pag. 117)
IMPERSONALI	**Impersonali** si chiamano, in grammatica, quei verbi che esprimono un'azione che non può essere attribuita ad alcuna persona (Esempi: *piovere, nevicare*) (v pag. 198)
INDEFINITO	= Non **definito**, non **determinato.** In grammatica, si dice di aggettivo (o di pronome) quando indica in modo vago, generico, la quantità o la qualità delle persone o delle cose cui si riferisce (v. pagg. 82-108)
INDICATIVO	= Che ha la proprietà d'**indicare.** L'**indicativo** è il primo dei modi del verbo. Il modo della realtà. Il modo che presenta l'azione come certa (v. pag. 114)
INFINITO	E' uno dei modi del verbo. Il modo che indica un'azione o uno stato in maniera indeterminata (v. pag. 115)
INTERIEZIONE	Si chiama « interiezione » quella parte invariabile del discorso che esprime un subitaneo moto dell'animo, un vivo ed improvviso sentimento. (Un'esclamazione di gioia, di dolore, di sorpresa, ecc.) (vedi pag. 223)
INTERPUNZIONE	E' la **punteggiatura:** punto, virgola, due punti, ecc. (v. pag. 26)
INTRANSITIVO	Vuol dire: non **passa**, non **transita**. Intransitivi si chiamano quei verbi la cui azione rimane nel soggetto che la compie, ossia non passa (non transita) su un oggetto diretto (v. pag. 119)

L

LOCUZIONE — Modo di dire. Frase idiomatica (**idiomatica,** vuol dire: propria di una lingua) (v. pagg. 206-212)

M

MONOSILLABO — Parola formata di **una** sola sillaba. (Esempio: **Po** - v. pag. 16)

MORFOLOGIA — Si chiama « **morfologia** » quella parte della grammatica che studia la forma delle parole e i cambiamenti che in esse si producono mediante la declinazione e la coniugazione (v. pag. 33)

N

NOME — E' la parola che serve a designare le persone, gli animali, le cose. (Esempi: *Ada* - *donna* - *cavallo* - *sedia*) (v. pag. 39)

O

OMONIMO — Vuol dire: **uguale nome.** Del medesimo nome. (Che ha lo stesso nome di un altro).

ORTOEPIA — La retta pronuncia delle parole (v. pag. 5)

ORTOGRAFIA — La retta maniera di scrivere le parole. (Il complesso di regole che si devono seguire per scrivere correttamente) (v. pag. 5)

P

PALATALE — Suono **palatale**: che si pronuncia con l'aiuto del palato (v. pag. 12)

PARENTESI	Segni che servono a racchiudere parole, ed anche intere proposizioni, interposte nel discorso (v. pag. 24)
PARTICIPIO	E' uno dei **modi del verbo.** Si chiama « **participio** » perché **partecipa** alla natura di **verbo** e di **aggettivo.** (Esempi: *E' molto* **amato** - *E' tutto* **sudato**) (v. pag. 115)
PASSATO PROSSIMO	E' il **tempo del verbo** che indica un'azione avvenuta in un periodo di tempo non ancora interamente trascorso. Oppure, azione avvenuta nel passato ma i cui effetti durano nel presente (v. pag. 118)
PASSATO REMOTO	E' il **tempo del verbo** che indica un'azione interamente compiuta nel passato, senza alcun legame col presente (v. pag. 117)
PERIODO	In grammatica, si chiama « **periodo** » l'espressione di tutto un pensiero che abbia un senso compiuto. Generalmente è formato di varie frasi (preposizioni) legate fra loro ed esprimenti ciascuna un pensiero.
PLEONASTICO	Vuol dire: **superfluo.** Si usa per indicare una parola, una frase, (locuzione) superflua, aggiunta talvolta solo per ornamento.
POLISILLABO	Parola formata di molte sillabe. (Esempio: *di-li-gen-te-men-te*) (v. pag. 16)
PREDICATO	In grammatica, il « **predicato** » è ciò che si dice del soggetto. Si chiama **predicato verbale** quando è formato da un verbo; **predicato nominale** quando è formato dalla copula (verbo essere) e da un nome, o pronome, o aggettivo (v. pag. 233)

PREFISSO	Così, in grammatica, si chiama la **particella** messa prima del **tema** nella formazione di una parola. Incorporata nel vocabolo radicale, forma una nuova parola. (Esempio: **ri**-*correre*)
PREPOSIZIONE	(il preporre). Infatti la preposizione è quella particella (parte invariabile del discorso) che si mette davanti ai nomi, ai pronomi, ai verbi di modo infinito per indicarne una relazione con altra parola. (Con le preposizioni si formano i complementi indiretti (v. pag. 209)
PRESENTE	E' il primo tempo del verbo. Il tempo che indica l'azione attuale, ossia che avviene nel momento in cui si parla (v. pag. 117)
PRONOME	E' la parola che spesso si mette al posto del nome per evitare ripetizioni (v. pag. 90)
PROPOSIZIONE	Si chiama « **proposizione** » l'unione di alcune parole con senso compiuto. E' un pensiero, o giudizio della nostra mente, espresso con parole (v. pag. 232)
PUNTEGGIATURA	Il punteggiare ortografico (punto, virgola, ecc.) (v. pag. 26)
PUNTO	Segno ortografico (v. pag. 26)

Q

QUADRISILLABO	Si chiama « **quadrisillabo** » la parola formata di **quattro sillabe**. (Esempio: *Ca-va-lie-re*) (v. pag. 16)
QUALIFICATIVO	= Che **qualifica.** In grammatica, si dice dell'aggettivo che si aggiunge al nome per indicarne la qualità (v. pag. 71)

R

RADICE

In grammatica, si chiama « **radice** » la parte principale, essenziale ed invariabile di una parola (quella parte della parola che rimane dopo averne tolto i prefissi o i suffissi e le desinenze). La radice ha in sè l'origine di una parola. (Esempio: *incolto*: *in*-**colt**-*o*).

S

SILLABA

La « **sillaba** » è l'insieme di lettere (vocali e consonanti) pronunciate con una sola emissione di voce (v. pag. 15)

SINTASSI

E' quella parte della grammatica che insegna l'esatto coordinamento delle parole, delle proposizioni e dei periodi (v. pag. 230)

SOGGETTO

In analisi logica, il « **soggetto** » è la persona, l'animale o la cosa di cui si parla. Chi fa l'azione espressa dal verbo (o la subisce) si chiama: **soggetto** (v. pag. 232)

SOSTANTIVO

(Ciò che ha sostanza e per sè sussiste). In grammatica si dice del **nome:** nome o **sostantivo** (v. pag. 39)

SUPERLATIVO

= Che si eleva al di sopra di tutti. In grammatica è un grado dell'aggettivo.

Assoluto: quando indica il massimo grado di una qualità rispetto a tutti. (Esempio: *bellissimo*).

Relativo: quando la indica rispetto agli altri, ma non a tutti. (Esempio: *il più bello di...* (v. pag. 73

SUFFISSO — (L'opposto di: prefisso). Una o più lettere messe **dopo** la radice di una parola. (Esempi: *legno*: *legn*-**ame**; *rosa*: *ros*-**ellina**).

T

TEMA — In grammatica, si chiama « **tema** » la parte **invariabile** delle declinazioni e delle coniugazioni. (Esempi: **pover**-*o*, **am**-*are*) (vedi pag. 33)

TONICO — Si usa, in grammatica, quando si parla dell'accento: « **accento tonico** ». Indica la sillaba sulla quale deve posare la voce nella pronuncia di una parola. (L'opposto di « **atono** ») (v. pag. 18)

TRANSITIVO — Aggettivo di: **transitare** (passare). In grammatica, si chiamano **transitivi** quei verbi la cui azione passa (transita) direttamente dal soggetto all'oggetto (v. pag. 119)

TRAPASSATO PROSSIMO — E' il tempo del verbo che indica un'azione avvenuta nel passato poco prima del sopraggiungere di un'altra pure passata (vedi pag. 118)

TRAPASSATO REMOTO — E' il tempo del verbo che indica, di due azioni avvenute nel passato, quella che è avvenuta prima (ossia azione anteriore a quella indicata col passato remoto) (vedi pag. 118)

TRISILLABO — Si chiama « **trisillabo** » la parola formata da **tre sillabe.** (Esempio: *Al-be-ro*) (vedi pag. 16)

TRITTONGO — Si chiama « **trittongo** » l'unione di **tre vocali** (due dolci ed una aspra) che si leggono con una sola emissione di voce; perciò fanno parte della stessa sillaba. (Esempio: *A*-**iuo**-*la*) (v. pag. 10)

TRONCAMENTO	(il troncare). In grammatica si chiama « **troncamento** » la soppressione di una vocale o di un'intera sillaba finale di una parola. (Esempi: *ancora*: **ancor** - *bello*: **bel**) (v. pag. 20)

V

VERBO	Vuol dire: **parola.** In grammatica, il verbo è la parte più importante del discorso (v. pag. 114)
VIRGOLA	Segno ortografico che indica breve pausa (vedi pag. 25)
VOCABOLARIO	Si chiama « **vocabolario** » la raccolta in ordine alfabetico delle parole di una lingua, con la spiegazione del loro significato.
VOCABOLO	Si chiama « **vocabolo** » ciascuna parola di una lingua.

INDICE

Fonologia

Morfologia

Elementi di sintassi